LE SCIE

Simonetta Cerrini

L'APOCALISSE DEI TEMPLARI

Missione e destino dell'ordine religioso e cavalleresco più misterioso del Medioevo

MONDADORI

Dello stesso autore
in edizione Mondadori
La rivoluzione dei templari

L'Apocalisse dei templari
di Simonetta Cerrini
Collezione Le Scie

ISBN 978-88-04-62241-3

I edizione agosto 2012

INDICE

L'APOCALISSE DEI TEMPLARI

Ogni vita è grande
ogni storia è vera
e racconta oggi
un sogno che prima non c'era.

GIAN PIERO ALLOISIO
dalla canzone *Ogni vita è grande*
(Universal, 2012)

I templari nacquero da un momento di crisi profonda, personale e collettiva: dopo la conquista della Gerusalemme terrena, si sentirono senza meta, privi della strada per la Gerusalemme celeste. Il loro mondo era finito. Si risollevarono pensando a una sola cosa: «C'è bisogno di noi». E sognarono un mondo nuovo, fatto della loro attività consueta, che era quella militare, ma anche di dignità del lavoro, di valorizzazione della spiritualità dei laici, di solidarietà fra diverse classi sociali, di povertà personale e di rinuncia ai privilegi, al riconoscimento pubblico, alla gloria e ai desideri personali. Il mondo nuovo dei templari era aperto alla condivisione di liturgie e di devozioni con i cristiani d'Oriente e con i musulmani.

Dedico questo libro a tutti quelli che, attraversando l'odierna Apocalisse, come i templari si trovano a pensare: «C'è bisogno di noi».

PREMESSA

Questo libro non pretende di essere un saggio scientifico, ma più modestamente una raccolta di riflessioni. Nasce per condividere con i lettori le emozioni e l'entusiasmo provati quando ho visto l'affresco della controfacciata della chiesa di San Bevignate, a Perugia. L'opera è gravemente danneggiata, ma mi è sembrata così ricca e unica da diventare quasi una fissazione. Nel corso delle mie ricerche, spesso mi si presentavano alla mente le scene lì raffigurate: i templari, la battaglia, il leone, la nave, l'aquila e il libro, immagini riunite in una sequenza straordinaria e degna di una visione, nel senso profetico e apocalittico, cioè rivelatore, del termine. Ho scritto, quindi, ciò che l'affresco mi ha suggerito, come in un libero gioco di associazioni mentali.

Mi piacerebbe che si potesse dire di questo lavoro quello che scrisse del mio saggio precedente, *La Rivoluzione dei templari*, uno dei maggiori studiosi dell'ordine del Tempio, Alain Demurger, che mi onora da vent'anni della sua stima e della sua amicizia: «Il grande merito di questo libro è quello di uscire dai sentieri battuti. Talvolta ciò non porta da nessuna parte, ma talvolta sbocca su nuovi orizzonti, e quindi su nuove ricerche».

Ovunque vi porteranno queste pagine, spero che farete buon viaggio.

INTRODUZIONE

Il 2012, che nella letteratura esoterica di massa è visto come l'anno della Fine del mondo, e che senz'altro sta segnando la fine di questo nostro mondo, è anche il settecentesimo anniversario della fine ufficiale dell'ordine religioso e militare del Tempio, soppresso, ma non condannato, da papa Clemente V nel 1312.

Ma cosa c'entra l'Apocalisse con i templari? La domanda è lecita, e le risposte sono molteplici. Già alla loro nascita, nel 1120, in Terra Santa, i frati cavalieri ebbero a che fare con l'escatologia, cioè con il complesso dei temi che, per i cristiani, riguardano la Fine dei tempi: la «battaglia finale», il secondo arrivo di Cristo, l'avvento di «un nuovo cielo e una nuova terra» e la discesa della Gerusalemme celeste, sposa dell'Agnello. Ho trovato tracce di questa sensibilità «apocalittica» in tante fonti templari e mi sembra che l'affresco che essi realizzarono nella loro grande chiesa perugina di San Bevignate possa esser letto come un efficace compendio.

Prima di cominciare il viaggio, dobbiamo presentare alcuni dei nostri principali compagni di strada: l'Apocalisse, i templari, i monaci, i cavalieri e la chiesa di San Bevignate.

L'Apocalisse

L'Apocalisse è l'ultimo libro della Bibbia. «Apocalisse», parola greca, significa «rivelazione». Viene definito «apocalittico» un genere letterario che ha come tema specifico la rivelazione divina della Fine della storia attraverso sogni o visioni. Diverso è il genere «profetico», in cui Dio parla attraverso la voce del profeta. Le profezie inoltre riguardano anche temi sociali o politici. Anche nelle apocalissi possiamo però trovare rivelazioni parlate, così come nei libri dei profeti possiamo trovare visioni o sogni.

Nell'Antico Testamento, il genere apocalittico è rappresentato dal libro di Daniele e da alcuni passi dei profeti Isaia, Zaccaria, Ezechiele. Nel Nuovo Testamento vi sono vari passi «apocalittici», dove Gesù annuncia che l'instaurazione del regno di Dio sarà preceduta da alcuni segni, fra i quali l'annuncio della «buona novella» a tutti i popoli della terra e la devastazione di Gerusalemme. Nessuno potrà conoscere la data o l'ora, ma bisognerà vigilare e cogliere i segni della Fine dei tempi. La seconda Lettera di san Paolo ai Tessalonicesi evoca un personaggio misterioso che precede il Giorno del Signore: è l'Avversario, il «Figlio della Perdizione» che giungerà a prendere possesso del Tempio di Dio (che forse è il Tempio di Salomone) proclamandosi Dio prima di essere distrutto dal soffio della bocca di Gesù. I commentatori hanno dato al Figlio della Perdizione il nome di Anticristo, nel duplice senso di colui che si oppone a Cristo e di colui che ne precede il ritorno. Le Lettere di san Giovanni, invece, citano esplicitamente sia l'Anticristo, che viene nell'ultima ora, sia gli anticristi, suoi imitatori. La seconda Lettera di san Pietro ricorda l'avvento del giorno di Dio e la promessa di nuovi cieli e di una nuova terra in cui abiterà stabilmente la giustizia. Anche il Corano, il Libro rivelato da Dio al profeta Muhammad, contiene numerosi passaggi escatologici e apocalittici che riguardano l'avvento del giorno del Giudizio e il giorno della Resurrezione.

Nella letteratura apocalittica il veggente viene assunto in cielo e riceve una visione. Leggiamo le prime parole dell'Apocalisse di Giovanni (1,1): «Rivelazione di Gesù Cristo, al quale Dio la consegnò per mostrare ai suoi servi le cose che devono accadere tra breve. Ed egli la manifestò, inviandola per mezzo del suo angelo al suo servo Giovanni».

Giovanni viene quindi rapito in cielo dove vede il trono di Dio e la sua corte. Colui che siede sul trono ha nella mano destra un libro a forma di rotolo con sette sigilli, ma nessuno, né in cielo, né sulla terra, né agli inferi è in grado di aprire quel libro. Dopo un momento di grande disperazione si fa avanti un Agnello, indifeso, e apre i sette sigilli del libro. Ogni volta che viene sciolto un sigillo, nel mondo accadono catastrofi, annunciate dal suono di sette trombe. Giovanni prende dalle mani di un angelo un piccolo libro aperto, e lo mangia: è dolce nella bocca e amaro nel ventre. Due testimoni di Dio vengono uccisi dalla bestia che sale dall'abisso, e i loro corpi sono esposti sulla piazza della città dove il loro Signore fu crocifisso, ma Dio li resuscita dopo tre giorni e mezzo.

Nel frattempo nei cieli si svolge la battaglia apocalittica. Da una parte Satana, il drago, con i suoi alleati, l'Anticristo, bestia venuta dal mare, e il Falso Profeta, bestia venuta dalla terra. Dall'altra c'è l'arcangelo Michele con le sue schiere. Una donna vestita di sole, che tiene la luna sotto i piedi ed è coronata di dodici stelle, partorisce un figlio maschio destinato a reggere le nazioni. Il drago vuole divorare il neonato, ma questi viene rapito in cielo e la donna, grazie alle ali della grande aquila, trova rifugio nel deserto. Michele caccia per sempre il drago dai cieli. Segue l'annuncio del giorno del Giudizio. Dopo aver fatto versare sette coppe sulla terra, Dio giudica Babilonia, la grande prostituta che cavalca la bestia. Quindi arriva un cavaliere su un bianco cavallo che porta scritto sul mantello e sul femore: «Re dei Re, Signore dei Signori». Egli, con la spada della sua bocca, sconfigge tutti i nemici e i re della terra. Le bestie sono cacciate nel mare di fuoco e Satana viene incatenato nell'abisso per mille anni. Durante questi mille anni, coloro che non avranno adorato la bestia, né ricevuto il suo marchio regneranno con Cristo. Dopo mille anni Satana viene liberato dal suo carcere per sedurre le nazioni della terra, ma un fuoco che viene dal cielo lo divora insieme ai suoi seguaci. Quindi si compie la resurrezione dei morti e il Giudizio universale. Il Giudizio avviene aprendo molti libri ma, soprattutto, aprendo il libro della vita. Anche la morte e gli inferi vengono gettati nello stagno di fuoco. Segue la visione finale di un cielo nuovo e di una terra nuova e la discesa della Città Santa, la nuova Gerusalemme, sposa dell'Agnello. Infine, Gesù annuncia la sua prossima venuta: «Sì, verrò presto!».

I templari

I frati templari erano un ordine religioso della Chiesa cattolica (come i benedettini, i cistercensi, i francescani, i gesuiti) formato da cavalieri provenienti da tutte le regioni d'Europa e giunti a Gerusalemme a seguito della conquista crociata del 1099. Nel 1120, nel corso del concilio di Nablus, in Samaria, cui parteciparono le principali autorità laiche ed ecclesiastiche degli Stati latini d'Oriente, re Baldovino II concesse loro una sua residenza conosciuta con il nome di «Tempio di Salomone» e situata presso la moschea al-Aqsa, il terzo luogo sacro dell'Islam, detta anche la «moschea lontana». In quel momento nacquero i «poveri cavalieri di Cristo e del Tempio di Salomone», chiamati in seguito «templari». I frati cavalieri avevano fatto voto di povertà, castità e obbedienza. Oltre alla preghiera, la loro attività specifica consisteva nel proteggere i pellegrini dagli attacchi dei briganti o dei leoni e di altre bestie feroci. Successivamente passarono dalla funzione di polizia e di controllo armato del territorio a quella propriamente militare, partecipando alle campagne del regno di Gerusalemme. La possibilità che un religioso portasse le armi e combattesse doveva però essere valutata a un livello più alto della gerarchia ecclesiastica: l'autorità del patriarca di Gerusalemme, fino a quel momento massima autorità del futuro ordine, non era sufficiente. Così, il 13 gennaio 1129, a Troyes nella Champagne, si svolse un concilio che ratificò l'esistenza del primo ordine religioso e al tempo stesso militare della cristianità. In quell'occasione, le autorità religiose e laiche presenti redassero una regola davvero speciale. Una regola che tempo fa ho definito come «rigorosamente antiascetica per dei frati e coraggiosamente antieroica per dei cavalieri». L'abate cistercense san Bernardo e il primo maestro dell'ordine, il cavaliere della Champagne Ugo di Payns, diedero al testo un contributo essenziale. L'ordine del Tempio si estese ben al di là della Terra Santa e tutta l'Europa si coprì delle sue magioni, incaricate soprattutto di procurare al fronte crociato in Oriente i rifornimenti necessari di uomini, armi, cavalli, viveri e denaro. Nel 1187, con la riconquista di Gerusalemme da parte del Saladino, i templari persero la loro casa madre e si trasferirono ad Acri. Nel 1291, con la caduta di Acri, i crociati persero di fatto tutta la Terra Santa. La casa madre del Tempio fu quindi trasferita a Cipro. Sottoposto a diversi processi a partire dal 1307, su iniziativa del re di Francia Filippo il Bello, l'ordine venne sciolto (ma non condannato) da papa Clemente V nel 1312, durante il concilio di Vienne. Nel 1314, a Parigi, moriva arso sul rogo l'ultimo maestro del Tempio, Jacques de Molay. Dalle sue ceneri prese avvio la secolare e ancora attiva leggenda dei templari.

Il monaco, il canonico, il frate

L'esperienza monastica prese inizio già a partire dal II-III secolo dopo Cristo. I monaci, o, con qualche differenza, gli anacoreti o gli eremiti, erano persone che sceglievano di ritirarsi dalle città e di andare a vivere il vangelo nel deserto. Nel deserto della Tebaide, innanzitutto, in un territorio che andava dalla città di Tebe al delta del Nilo. Nel IV secolo cominciarono a vivere insieme in un monastero, guidati da un *Abba*, cioè da un Padre, un abate. Pacomio in Egitto e Basilio nell'attuale Turchia stabilirono le prime regole di vita comune. Il modello cui si rifacevano era la vita degli apostoli. L'Europa occidentale tra il IV e il VI secolo conobbe il monachesimo orientale e anche la nascita del monachesimo irlandese. Ma la regola di san Benedetto, nato a Norcia nel 480, finì col diventare il complesso di norme su cui si basò tutto il monachesimo occidentale. I monasteri benedettini tuttavia erano perfettamente autonomi l'uno dall'altro. Naturalmente tutte queste forme di vita religiosa avevano il loro corrispondente femminile. Sorsero poi delle congregazioni monastiche che raggruppavano vari monasteri: tra questi, il potente ordine cluniacense, detto dei «monaci neri», sorto a Cluny nel 910. Alla fine dell'XI secolo nacque il nuovo ordine dei cistercensi, detti «monaci bianchi», cui apparteneva il nostro san Bernardo, lo «speciale patrono» dei templari.

Ma i templari erano monaci? Se guardiamo all'esperienza monastica antica, diremmo di sì. Anche se ormai i monaci erano quasi tutti anche sacerdoti e quindi il templare, che invece era laico, non poteva più essere identificato con un monaco *tout court*. La loro condizione di laici impedisce anche di definirli canonici, benché seguissero la stessa liturgia dei canonici regolari del Santo Sepolcro. I canonici, infatti, erano tutti preti o chierici che vivevano in comune presso una chiesa cattedrale, e quindi sarebbe profondamente improprio definire i templari come canonici.

I templari non si possono definire né monaci né canonici. Nella loro regola si autodefinirono «fratelli» e, benché all'epoca «frate» e «monaco» fossero due termini interscambiabili, non usarono mai il termine «monaco». Fu un caso? Nella regola di san Benedetto, che costituisce la base della regola templare, l'abate umbro si riferisce ai suoi monaci usando la parola «fratelli», più frequente, ma anche la parola «monaci». Perché invece i templari evitano accuratamente il termine «monaco»? E poi, perché attribuiscono al loro superiore il titolo di «maestro (della cavalleria)», e cioè un titolo laico che non ha un corrispettivo monastico né canonicale, rinunciando al prestigioso titolo di «abate»? Sappiamo che il mondo dei monaci è ben distinto da quello dei frati, parola che va riferita ai futuri ordini mendicanti nati all'inizio del XIII secolo: francescani e domenicani. Tuttavia, le parole scelte dai templari significano che i cavalieri del Tempio non si identificavano nell'esperienza monastica occidentale a loro contemporanea, ormai quasi completamente clericalizzata, ma, rievocando il monachesimo laico delle origini, guardavano al di là del mondo dei monaci. Per molti aspetti, come vedremo, la rivoluzione templare anticipò quella francescana, proprio a cominciare dalla ritrovata autonomia spirituale dei laici: san Francesco d'Assisi, benché gli fosse richiesto più volte di farsi sacerdote, rifiutò e guidò il suo ordine pur restando laico.

In conclusione, possiamo definire i templari con la parola «frati» o «fratelli», ben sapendo però che «fratello» per un guerriero significa innanzitutto compagno d'armi. La fraternità templare aveva dunque una doppia valenza: religiosa e guerriera.

Il cavaliere

Il frate templare era anche un cavaliere. Ma cosa significava in quei secoli? Il cavaliere era un guerriero a cavallo, un professionista della guerra. Tuttavia, nel XII-XIII secolo per essere un vero cavaliere occorreva essere accolti ufficialmente all'interno della cavalleria. La consegna delle armi avveniva tramite il rito dell'addobbamento, che comportava anche l'iniziazione all'età adulta. Nella sua forma più semplice, il rito prevedeva la consegna di spada e cinturone. Presto si aggiunse la *collata,* che consisteva in uno schiaffetto dato con il palmo della mano o, più tardi, col piatto della spada. Alcune lingue, come il tedesco e lo spagnolo distinguono il vero cavaliere dall'uomo che va a cavallo, e così per esempio anche in francese avremo *le chevalier* e *le cavalier*. Il vero cavaliere eredita alcune prerogative della regalità sacra legate alla pace e alla protezione dei poveri, degli orfani e delle chiese.

La regola templare vieta di addobbare cavalieri al proprio interno, forse per evitare che l'ordine venisse usato come mezzo di ascensione sociale. L'unico modo di diventare un cavaliere templare era quindi quello di essere stato addobbato prima di entrare nell'ordine. Il frate cavaliere ha diritto al mantello bianco. Tutti gli altri templari, anche se combattono a cavallo, come i sergenti d'armi o gli scudieri, restano dei *cavaliers* e quindi sono accolti come frati sergenti e devono portare il mantello scuro, nero o bigio.

La chiesa templare di San Bevignate

Arrivare a San Bevignate non è semplice. Per raggiungere la chiesa templare bisogna affrontare il dedalo perugino di viuzze interne, in salita, e delle lunghe vie che costeggiano la campagna a est. Dopo aver ammirato le colline coltivate a vigna e ulivi, si raggiunge un viale alberato e su un prato affacciato sul mirabile panorama perugino, nel quartiere di Monteluce, appare all'improvviso San Bevignate.

Dico «appare» perché è San Bevignate che si manifesta al visitatore e non il contrario. Si ha la stessa sensazione con la cattedrale di San Lorenzo a Genova, oppure con San Marco a Venezia, nascoste sapientemente alla vista dall'intrico dei caruggi o delle calli oppure, sulla collina coltivata a vite e ulivo, con il gioiello di San Salvatore dei Fieschi, la basilica voluta da papa Innocenzo IV († 1254) nel suo feudo ligure di Lavagna e costruita soltanto dieci anni prima di San Bevignate. Resta invece inarrivabile l'effetto che produce sul visitatore la basilica benedettina di San Pietro al Monte di Civate, in provincia di Lecco, edificata nella seconda metà del XII secolo: si raggiunge a piedi lungo un'antica mulattiera e conserva al suo interno, composto da un'aula unica biabsidata, un ciclo memorabile di affreschi romanici centrati sull'Apocalisse. Come nel caso di San Bevignate, questo tesoro abbandonato ha trovato chi lo ha accolto e saputo valorizzare. San Pietro al Monte trovò don Vincenzo Gatti, e San Bevignate trovò un manipolo di studiosi che negli anni Ottanta fecero conoscere alla comunità scientifica internazionale questo vero tesoro dei templari attirando interesse culturale e finanziamenti.

Fin dal XIII secolo il comune di Perugia era stato uno dei protagonisti della nascita stessa del complesso architettonico di San Bevignate e, divenuto proprietario dell'edificio, è ritornato a esserlo promuovendone i restauri che hanno portato alla recentissima apertura al pubblico, nel 2009. Tra gli studiosi perugini pionieri della scoperta di San Bevignate, è d'obbligo nominare Pietro Scarpellini, lo storico dell'arte che ci ha regalato la prima lettura sistematica di tutti gli affreschi, nonché l'amico e collega Francesco Tommasi. Questo erudito e generoso studioso dei templari mi fece conoscere le ricchezze di San Bevignate già nel 1993. In quell'anno, infatti, cominciai a preparare la mia tesi di dottorato alla Sorbona sulla regola e la spiritualità del Tempio. Giuseppe Billanovich, mio indimenticato maestro, mi aveva dato tutti gli strumenti per poter affrontare lo studio dei manoscritti della regola, ma non sarei riuscita ad avvicinarmi alla storia della cultura e della spiritualità medievale senza la guida e l'incoraggiamento costante di Franco Cardini, il grande medievista, che immediatamente mi fece conoscere tre persone: Michel Balard, storico del Mediterraneo orientale nel Medioevo, Alain Demurger e, appunto, Francesco Tommasi.

A un primo sguardo San Bevignate appare gigantesca o meglio «affetta da gigantismo», come scrive Gaetano Curzi. Niente a che vedere con la piccola cappella di Cressac-Saint Gilles, nella Charente, per citare una chiesa templare francese i cui affreschi, a differenza di quelli di San Bevignate, sono ammirati in tutto il mondo già da tempo. Più simile invece, per dimensioni e per impianto architettonico, la chiesa templare di Montsaunès, nella Haute-Garonne, a ridosso dei Pirenei.

La chiesa di San Bevignate è uno dei più straordinari tesori templari ancora esistenti. Fu fatta costruire a partire dal 1256 dai templari e in particolare da frate Bonvicino, originario di Perugia o di Assisi. Il templare Bonvicino († 1262) era da vent'anni il cubiculario del papa, cioè uno dei camerieri personali che hanno accesso alla camera da letto e che ne costituiscono anche la guardia del corpo: oggi si direbbe maggiordomo. Bonvicino cominciò ad assistere papa Gregorio IX († 1241) e continuò con Innocenzo IV, Alessandro IV († 1261) e probabilmente Urbano IV, morto a Perugia nel 1264. Senz'altro Bonvicino chiese al papa dei favori per i templari, e nel 1237 Gregorio IX concesse loro l'abbazia benedettina di San Giustino d'Arno. Si trattava della prima sede templare di Perugia, da cui dipendeva la chiesa di San Gerolamo, presso Porta Sole, cioè proprio nella stessa zona su cui poi i templari costruirono San Bevignate. Chiara Frugoni, la storica che con sapienza e sensibilità ha dato piena voce all'iconografia francescana, ha proposto di riconoscere Bonvicino in uno degli affreschi giotteschi della Basilica superiore di Assisi. Sarebbe uno dei cubiculari che, accovacciati per terra accanto al letto di papa Gregorio IX, lo assistono mentre sogna san Francesco che gli mostra le stimmate.

Nel pieno del conflitto fra guelfi e ghibellini, nella pontificia Perugia si creò la convergenza di vari movimenti: il papato, che tra l'altro risiedeva spesso in città; il comune del popolo; i templari, ordine religioso da sempre vicino ai laici; i fermenti francescani e il movimento penitenziale dei flagellanti, capeggiato dal laico e padre di famiglia Raniero Fasani, raffigurato, come vedremo, all'interno della chiesa.

In quegli anni, caratterizzati dall'aspra lotta fra il papa e l'imperatore Federico II († 1250) e i suoi discendenti, ci si stava domandando se si sarebbe realizzata la profezia del beato Gioacchino da Fiore († 1202), che prevedeva per l'anno 1260 l'inizio dell'età dello Spirito Santo, e quindi del felice millennio sabbatico di cui parla l'Apocalisse. Per il monaco florense, l'Antico Testamento corrispondeva infatti all'età del Padre, il Nuovo Testamento all'età del Figlio, preludio entrambi all'età finale dello Spirito Santo. Il gioachimismo aveva permeato una larga parte del movimento francescano, al punto che il ministro generale dell'ordine, Giovanni da Parma, nel 1257 si dovette dimettere. Così non stupisce che sia proprio il 1260 l'anno in cui a Perugia venne inaugurato ufficialmente il rito pubblico dei flagellanti: un segno escatologico collettivo che intendeva rispondere da parte guelfa alle alte attese spirituali di molti laici.

San Bevignate sorse nel pieno di questi fermenti e in continuo dialogo con essi. È una chiesa romanico-gotica con una navata unica coperta da due volte a crociera che si conclude con un grande arco trionfale. L'abside è piatta e sorge sopra un sacello, che inizialmente conservava il corpo di san Bevignate. Nel 1256 cominciarono i lavori di costruzione, e già nel 1262 Bonvicino, che morirà di lì a poco, chiese ai canonici della cattedrale di Perugia una lastra marmorea per l'altare: il primo ciclo di affreschi, tra cui la nostra controfacciata, è stato datato agli anni Sessanta (nel 1265 fu eletto a Perugia papa Clemente IV). Il secondo ciclo pittorico della chiesa è datato agli anni Ottanta, e consiste nella teoria pittorica dei dodici apostoli che reggono grandi cerchi «crucesignati», di stile transalpino. Le figure si dispongono su tutte le pareti della chiesa senza neppure rispettare le immagini precedenti, segno forse di una seconda solenne consacrazione della chiesa, avvenuta sotto la guida del templare Guillaume Charnier. Pare aver completato la decorazione di San Bevignate il famoso «Trittico Marzolini», ora conservato alla Galleria Nazionale dell'Umbria di Perugia che, secondo Pietro Scarpellini, costituiva la pala d'altare.

Ma chi era san Bevignate? Del santo non si è mai saputo nulla di certo, e la sua figura resta a tutt'oggi un vero mistero. Fu un eremita? Fu un templare? Visse nel V o nel XIII secolo? Era perugino? È un santo immaginario, un'invenzione templare? Di questo misterioso personaggio, come vedremo, ho da poco trovato una traccia credibile che ci porta da Perugia alla Penisola iberica.

L'affresco templare

Il visitatore della chiesa di San Bevignate che rivolge i suoi passi all'uscita è atteso da un affresco dipinto sulla controfacciata, di cui oggi resta visibile la parte a sinistra della porta d'ingresso. Si tratta di un dipinto che nel suo complesso non conosce paragoni nell'iconografia medievale e che ci rivela quale fosse la visione del mondo dei cavalieri templari non solo al momento della loro nascita, ma anche quando raggiunsero l'apice del successo, in Terra Santa e in Europa. Purtroppo, anche la parte sinistra dell'affresco, che ci offre una mirabile serie di immagini, risulta frammentaria. Dobbiamo perciò considerare queste pitture più come fonte di suggestioni che come fondamento documentario assoluto. È su quella parete che prende consistenza il legame fra i templari e l'Apocalisse di Giovanni.

L'affresco si compone di quattro immagini sovrapposte. In basso, è illustrata una scena di combattimento a cavallo fra i cavalieri del Tempio e i loro avversari. Sopra, un gruppo di frati templari in abito bianco si sporge da una fortezza e affronta un leone. Ancora più in alto è dipinta una nave di templari marinai che naviga in un mare burrascoso, ma ricco di grossi pesci. Se alziamo ancora gli occhi, vediamo un enorme libro chiuso, trattenuto dagli artigli di un rapace. È una visione unica, non credo infatti esista un modello cui il pittore si sia rifatto, né che questa complessità abbia avuto una discendenza.

Il fascino di queste strisce parlanti, con i marcati contorni di terra rossa o di nero e il bianco, o le campiture di ocra gialla e rossa, di azzurrite, da cui emergono animali, architetture, piante e personaggi, ci induce a fermarci e ad ascoltare. È un grande racconto per immagini, una sorta di fumettone che i templari hanno preparato verso la metà del Duecento.

Gli studiosi dicono che i pittori si sono serviti di un *sermo rusticus*, e cioè un linguaggio, un modo di dipingere popolare che rifugge da pretese puramente estetiche, che non ambisce a misurarsi con le eccellenze artistiche, ma che è stato scelto per farsi capire dal maggior numero di persone. Perugini o stranieri, ecclesiastici o laici, potenti o lavoratori, guelfi o ghibellini, persone colte, che conoscono il latino, o uomini che non lo conoscono, uomini e donne del Duecento, ma anche uomini e donne del XXI secolo: questo messaggio è rivolto a tutti. Anche a noi.

Cominciamo dal basso. Il primo registro ci racconta una grande battaglia. È l'unica scena che i pittori hanno volutamente separato dalle altre, tracciando una spessa striscia color rosso. Come per dirci che quello era il fatto, l'avvenimento storico, il dato da cui dovevamo partire. Come per dirci che tutto ciò che si vedeva sopra, il leone e il convento templare, la nave e i pesci, il libro e il rapace, apparteneva a un altro piano, erano elementi per una riflessione sulla condizione umana, un commento, un approfondimento, erano le tappe di un percorso iniziatico, i gradini di una scala celeste, una serie di visioni, ma non una storia.

Ho pensato, quindi, che occorresse avere un'ottica di lettura comprensiva dell'insieme delle quattro immagini giunte fino a noi. Il metodo esegetico delle Sacre Scritture che identifica nella parola sacra quattro livelli di lettura poteva fare al caso nostro. I quattro sensi delle Scritture furono individuati e quindi elaborati dai Padri e Dottori della Chiesa nel corso dei secoli. In particolare, come ricorda Henri de Lubac – il teologo che in un suo libro ci ha consegnato la migliore visione d'insieme di quel metodo –, i quattro livelli di interpretazione sono in realtà riconducibili a due: l'Antico e il Nuovo Testamento, come la lettera e il senso, il corpo e l'anima. Anche nel nostro affresco, i veri e propri registri sono due, la battaglia da una parte e tutto ciò che la sovrasta dall'altra. Le scene, invece, sono in tutto quattro. Nel XIII secolo il francescano normanno Nicolas de Lyre compose una poesiola, un distico, affinché i suoi studenti della Sorbona potessero ricordare più facilmente i quattro movimenti delle Sacre Scritture: «Littera gesta docet, quid credas allegoria, moralis quid agas, quo tendas anagogia», che tradotto significa: «La lettera insegna quanto è avvenuto, l'allegoria quello che devi credere, la morale quello che devi fare, l'anagogia dove devi andare».

Le mie riflessioni si organizzeranno così in quattro grandi capitoli, intitolati ciascuno all'animale che «custodisce» la sua scena: il cavallo, il leone, il pesce e l'aquila. Un vero e proprio tetramorfo templare che ha anche una dinamica ascensionale, come una scala che dalla terra conduce al cielo.

I

IL CAVALLO

Proviamo a usare le quattro chiavi di lettura per interpretare le nostre immagini.

Cominciamo dalla prima scena: una battaglia fra i templari e i loro nemici. Siamo in Terra Santa. Nel deserto color sabbia punteggiato di radi arbusti si affrontano cavalieri musulmani che arrivano da sinistra e cavalieri dell'esercito crociato che arrivano dal lato destro della parete. Si distinguono con chiarezza i templari, il loro gonfalone «baussant» (o «baucent»), gli elmi e le folte barbe. Sullo sfondo, sempre nella parte sinistra dell'affresco, si scorgono le mura, i bastioni e la porta serrata di una città.

Si tratta di una battaglia che possiamo identificare? Ci viene in aiuto lo storico perugino Francesco Tommasi. A proposito di questa scena, lo studioso ipotizza che la città ritratta sullo sfondo sia Nablus, in Samaria, situata a una sessantina di chilometri a nord di Gerusalemme, e che la battaglia sia quella del 30 ottobre 1242, voluta e vinta dai cavalieri del Tempio e dai loro alleati.

Cosa era accaduto? Alla morte del sultano d'Egitto al-Kamil († 1238), amico dell'imperatore Federico II e interlocutore di san Francesco d'Assisi († 1226), il mondo musulmano fu lacerato da una vera e propria guerra civile. Il sultano d'Egitto as-Salih Ayub, figlio di al-Kamil, affidò ad an-Nasir il governo militare della Siria-Palestina, a scapito dello zio Ismail, signore di Damasco. Ismail, che aveva già raccolto l'alleanza dei principi siriani, reagì proponendo un'alleanza ai crociati contro il nipote Ayub. La tregua di dieci anni negoziata da Federico II con al-Kamil nel 1229 stava per concludersi e in Terra Santa, su invito di papa Gregorio IX, giunse dall'Europa il conte di Champagne Thibaut IV, re di Navarra. Thibaut era favorevole all'accordo con Ismail, sostenuto in ciò dai baroni di Terra Santa e dai templari che intrattenevano ottimi rapporti commerciali con Damasco. Nel campo avversario, il sultano d'Egitto si avvalse dell'aiuto dei guerrieri turchi khwarizmiani, provenienti dalla Persia orientale, che si erano via via sostituiti ai turchi selgiuchidi. Gli ospitalieri, il secondo ordine religioso e militare di Terra Santa, avevano però maggiori interessi nel Sud della Palestina, verso l'Egitto, e non sopportavano che i templari avessero già acquisito l'importante castello di Safed e che si apprestassero a ricevere ulteriori vantaggi dall'alleanza con l'emiro di Damasco. Quindi costrinsero il conte Thibaut, comandante dell'esercito crociato, a stringere un'alleanza con il sultano Ayub, in cambio del rilascio dei prigionieri che il sultano d'Egitto aveva catturato durante la pesante sconfitta di Gaza. Thibaut, detto anche «le chansonnier» (il cantautore), tornò in Europa, e da buon trovatore qual era, dalla Terra Santa importò non solo una reliquia della croce, ma anche la celebre rosa damascena (di Damasco), divenuta la rosa di Provins, e persino il vitigno del Chardonnay da cui sarebbe nato in seguito il celebre Champagne. Al conte-poeta Thibaut succedette il conte Riccardo di Cornovaglia, che ratificò l'alleanza con il sultano Ayub. Ma appena Riccardo rientrò in Inghilterra, i templari rifiutarono di considerarsi vincolati da un trattato che non avevano mai condiviso, e nella primavera del 1242 compirono una scorreria contro la città musulmana di Hebron. Il governatore an-Nasir di Kerak replicò inviando truppe che imponevano pedaggi a mercanti e pellegrini sulla strada per Gerusalemme. Ciò indusse i templari a uscire da Giaffa per prendere Nablus. Il 30 ottobre 1242 entrarono in città, la saccheggiarono, dando alle fiamme la sua grande moschea, massacrarono per tre giorni tutti gli abitanti, compresi i numerosi cristiani, e fecero moltissimi prigionieri. In Europa, questa battaglia fu celebrata come un grande successo. Il cronista inglese Matteo Paris († 1259) scrive così: «I templari in Terra Santa trionfarono gloriosamente su molte migliaia di saraceni, in modo più miracoloso che per umana forza, con una vittoria impensabile». A dire il vero, stentiamo a riconoscere in questo trionfo il massacro di Nablus. Due anni dopo, nel 1244, l'armata turca assoldata dagli egiziani conquistò Gerusalemme, profanando le tombe e il Santo Sepolcro, prima che l'esercito del sultano d'Egitto sconfiggesse a Herbiya (La Forbie), presso Gaza, l'esercito congiunto dei principi musulmani di Siria e dei crociati. Nel 1245, anche Damasco si arrese al sultano Ayub.

Se l'identificazione con la battaglia di Nablus è fondata, siamo nel cuore della vita e della gloria di un grande e potente ordine, che si autorappresenta attraverso un importante fatto d'arme avvenuto una ventina d'anni prima in Palestina. L'affresco di San Bevignate farebbe quindi parte di questa propaganda templare.

Protagonisti di questo «primo livello» del dipinto perugino sono quindi i *bellatores*, i combattenti, coloro che nella società latina rappresentano i potenti laici e che, secondo l'istituzione ecclesiastica, dovrebbero esercitare il ruolo di «braccio armato» della Chiesa. Possiamo dire che la parte dell'affresco situata nel punto più in basso è dedicata al dolore che si procurano gli uomini, all'effetto del peccato, alla vita e alla morte dell'umanità.

Ma c'è una complicazione. E non da poco. Quei cavalieri templari che non si distinguono in nulla dai loro avversari, se non per le insegne e le immagini che ci permettono di attribuire gli uni al campo musulmano e gli altri al campo crociato, ebbene, quei cavalieri sono anche dei frati, dei religiosi che hanno professato i voti monastici di povertà, castità e obbedienza e che seguono una regola. Come era possibile? Nella cristianità, i chierici e i religiosi non prendevano le armi. Eppure, i frati templari erano anche cavalieri.

Proviamo a ripercorrere la lunga strada che portò, tra il 1120 e il 1129, alla nascita dell'ordine religioso dei «poveri cavalieri di Cristo e del Tempio di Salomone», detti comunemente templari, il primo ordine religioso e militare della cristianità latina.

Tutto ebbe inizio da una parola: Gerusalemme. È l'unica parola sicuramente pronunciata da papa Urbano II († 1099) alla folla riunita a Clermont nel 1095. Tutto il resto è frutto di elaborazioni successive alla conquista della Città Santa, avvenuta il 15 luglio del 1099. Un'altra cosa sicura è che il papa non intendesse lanciare una crociata (almeno per come la intendiamo oggi) per colonizzare la Terra Santa. Anche perché, se lo avesse voluto, avrebbe fatto delle scelte differenti, come già avveniva per la Penisola iberica, che si voleva riconquistare militarmente alla cristianità latina. Ma in quel balletto di chiese e moschee, in quell'avvicendarsi di conquiste e riconquiste, che caratterizzava da secoli una larga parte dei paesi affacciati al Mediterraneo, la situazione della Terra Santa era ben diversa. Mentre la *Reconquista* spettava ai sovrani d'Occidente, un'eventuale «reconquista» di Gerusalemme e dei Luoghi santi cristiani dalle mani dei turchi selgiuchidi (nel 1098 Gerusalemme fu presa dai fatimidi d'Egitto) doveva fare i conti con l'imperatore bizantino, che era il precedente signore cristiano di quelle terre, erede dell'imperatore romano d'Oriente e in particolare di quel Costantino che fece costruire la basilica del Santo Sepolcro detta anche Chiesa della Resurrezione.

Papa Urbano II questo lo sapeva bene, come sapeva che nel 1054 si era consumato un profondo e drammatico scisma all'interno della cristianità: la separazione tra la Chiesa latina d'Occidente e la Chiesa greca d'Oriente, che rendeva difficili i rapporti sul campo tra i cristiani latini e greci. D'altra parte, sempre nel 1095, l'imperatore di Costantinopoli Alessio I Comneno aveva inviato i suoi ambasciatori al concilio di Piacenza per chiedere ancora una volta aiuti militari contro i turchi.

In questo complicato contesto bastò una sola parola, «Gerusalemme», pronunciata dal papa, la più alta autorità religiosa della cristianità latina, per spalancare nuovi orizzonti ai cavalieri e a tutta la folla radunata a Clermont, e ancora a migliaia di persone che si riversarono in massa da tutta Europa in Oriente. Ognuno di loro, «crociato» perché segnato da una croce cucita sull'abito, aveva come punto di partenza la propria cultura, le proprie forze, i propri ideali, la propria visione religiosa, spesso lambita da una confusa attesa della Fine dei tempi, dell'Anticristo e del ritorno di Cristo. Come guida avevano il legato papale, cioè Adhémar de Monteil, vescovo di Le Puy, ma potevano seguire anche un signore locale, come Goffredo di Buglione, Boemondo di Taranto o Raimondo IV di Tolosa, o un predicatore itinerante come Pietro l'eremita. Se il papa avesse avuto in mente un progetto più preciso, costruito a tavolino, molto probabilmente questo vasto, eterogeneo e spesso anarchico movimento di massa non avrebbe avuto luogo. Quattro anni dopo, nel 1099, se non «liberata» Gerusalemme fu senz'altro conquistata. I cristiani latini, detti «franchi» dalle cronache, provvidero a instaurarvi un regno che, malgrado le intenzioni del legato papale, non fu teocratico. Il regno latino di Gerusalemme era sciolto dall'omaggio che ogni re doveva all'imperatore o al papa. Era la prima monarchia assoluta del Medioevo, come dice Franco Cardini, storico tenace, sottile indagatore delle trame che intessono i secoli e gli spazi di questa nostra Europa medievale. A Gerusalemme poteva accadere di tutto: quella Terra, essendo Santa, poteva anche essere profondamente nuova e diversa.

Ebbene, i futuri templari vanno cercati proprio fra quei cavalieri che, in Occidente, avevano fatto una scelta ideale: abbandonare le loro terre, proprio come aveva fatto il patriarca Abramo, e incamminarsi verso Gerusalemme. Una volta raggiunta la Città Santa, cosa fanno? A riprova del fatto che la prima missione crociata non fu un movimento di colonizzazione, la maggior parte dei pellegrini armati ritornarono in Europa appena dopo la conquista di Gerusalemme. In Terra Santa rimasero pochissimi cavalieri: secondo il normanno Raoul de Caen († 1120), giunto in Terra Santa al servizio di Boemondo di Taranto e di suo nipote Tancredi, se ne potevano contare circa duecento.

Fra questi c'erano anche i nostri futuri templari, che fecero una scelta di volontariato, di assistenza sociale o di protezione civile, diremmo oggi. Infatti si «donarono», cioè si affiliarono, per così dire, a due istituzioni religiose di Gerusalemme, situate entrambe nei pressi del Santo Sepolcro, in quell'area che occupa la parte nordoccidentale della Città Vecchia e che ancora oggi viene indicata come il «quartiere cristiano». Ci riferiamo, da una parte, ai canonici regolari del Santo Sepolcro, e cioè i preti latini che vivono in comune secondo la regola di sant'Agostino e che servono la Chiesa del Santo Sepolcro; dall'altra, agli ospitalieri di san Giovanni Battista, una confraternita di laici, fondata nell'XI secolo da un gruppo di mercanti di Amalfi, che si dedica alla cura e all'assistenza dei pellegrini. Gli ospitalieri, oggi riuniti nell'ordine di Malta, nel 1113 erano stati riconosciuti dal papa come ordine autonomo assistenziale. I nostri cavalieri accettano quindi di sottomettersi all'autorità del priore dei canonici, ricevendo il compito di proteggere i pellegrini nei loro spostamenti in Terra Santa. In cambio beneficiavano degli avanzi dei pasti. In un certo senso potremmo dire che i templari nacquero a tavola, ma non come signori, bensì come mendicanti. Possiamo scorgere già in quest'occasione l'emergere dei valori templari originari, la povertà e l'umiltà, che un secolo dopo verranno fatti propri dai frati mendicanti del Poverello di Assisi.

Tuttavia, questa lodevole attività, eticamente irreprensibile, svolta nella Gerusalemme tornata cristiana e perdipiù latina, non bastò ai nostri cavalieri, che in breve tempo precipitarono in una crisi profonda. L'altissimo ideale racchiuso nella parola «Gerusalemme», che voleva significare la realizzazione in questo mondo della Gerusalemme celeste, per loro era fallito, individualmente e socialmente.

La *Cronaca di Ernoul* fa parlare i cavalieri stessi: «Noi abbiamo abbandonato le nostre terre e i nostri amici, e siamo giunti qui per mettere in onore ed esaudire la legge di Dio. E ora siamo bloccati, beviamo, mangiamo, spendiamo, senza fare nulla». Un cavaliere di medio-basso lignaggio, cosa poteva fare di più? Aveva lasciato tutto, le terre e gli amici, le cose e le persone, il suo mondo, per un compito, una missione divina, ma una volta raggiunta la meta, Gerusalemme, non gli erano tornati i conti della vita. Ciò che attendeva – la Fine dei tempi? la battaglia con l'Anticristo? l'avvento dei mille anni del regno di Cristo annunciati dall'Apocalisse? – non si era compiuto e ora si trovava «sans oevre faire», disoccupato, senza un'opera da compiere. E perdipiù, per lui che era un cavaliere, senza poter combattere. Un'iniziativa già l'aveva presa: era andato al Santo Sepolcro, luogo che fisicamente coincideva con il suo obiettivo iniziale, e lì aveva deciso di «donarsi», da laico, all'ordine religioso più sacro di tutta la Città Santa, quello dei canonici regolari del Santo Sepolcro, e agli ospitalieri di San Giovanni, che senz'altro avevano bisogno di protezione armata per difendersi da tutti i banditi che imperversavano sulle strade e anche dalle belve feroci, come i leoni. Ma ciò non gli bastava, il suo mondo era giunto alla fine, la sua «cerca» era rimasta disattesa e si sentiva irrealizzato. E qui scatta qualcosa. Scrive ancora l'autore della *Cronaca di Ernoul*: «Ci furono alcuni buoni cavalieri fra quelli che si erano donati, così presero consiglio tra di loro e dissero...». Ecco il primo elemento: questi «buoni cavalieri» non rimasero da soli, ma condivisero il loro disagio con gli altri. Da notare come il loro essere «buoni» sia proprio ciò che li spinge a non accontentarsi. L'etica templare è in evoluzione, è un'etica in cammino. L'altro elemento, a mio parere decisivo, fu quello che si dice dopo: «Non combattiamo neppure, e ce ne sarebbe bisogno in questa Terra». E cioè: questa società ha bisogno proprio di me e di ciò che so fare. La consapevolezza della dignità e del valore della loro funzione innescò la seconda «cerca» dei futuri templari: l'invenzione di un nuovo destino, il nuovo mondo, la nuova Gerusalemme, poteva cominciare da loro, in perfetta obbedienza a quella forza spirituale che li aveva portati proprio lì, a Gerusalemme.

Intorno al 1119-1120, i futuri templari – secondo alcune fonti erano nove cavalieri provenienti da tutta Europa, ma secondo altre erano trenta – si riunirono e dissero: «Obbediamo a un prete e non combattiamo. Eleggiamo quindi maestro uno di noi che, con il permesso del priore, ci conduca in battaglia quando sarà necessario!». Con queste parole, tra l'altro, il cronista Ernoul fotografa la nascita di una vera e propria famiglia guerriera che presto diventerà una fraternità religiosa. Fu così che il maestro della cavalleria Ugo di Payns (o di Payens, «de Païens»), democraticamente eletto dai suoi compagni, si recò dal re di Gerusalemme. Cosa voleva da lui? Chiedeva che la sua piccola fraternità di cavalieri, dedita alla protezione armata dei pellegrini (un compito che oggi verrebbe definito «di polizia stradale»), fosse sciolta dall'obbedienza prestata al priore dei canonici del Santo Sepolcro, che era un prete, così da poter combattere nell'esercito crociato.

Una miniatura medievale (Paris, BnF, fr. 9081.f132) descrive proprio quell'incontro. La parte superiore ci mostra il re di Gerusalemme Baldovino II, con la sua barba bionda, seduto sul trono, e di fronte a lui, in piedi, i due fondatori della nuova comunità: Ugo di Payns, cavaliere della Champagne, e il fiammingo Goffredo di Saint-Omer. Il re porta la corona e un mantello scarlatto, mentre la croce rossa campeggia sui mantelli scuri dei due futuri templari. Ritorneremo più avanti sui segni distintivi e sui colori dei templari. Nella parte inferiore della miniatura osserviamo invece la scena di una battaglia persa dai crociati: è quella del «Campo di sangue» (*Ager sanguinis*), avvenuta nel principato di Antiochia. Nel 1119 Ruggero di Salerno, reggente di Antiochia, aveva affrontato Ilghazi, l'*atabeg*, cioè il governatore, di Aleppo. Per imprudenza non aveva atteso i rinforzi del re di Gerusalemme. Le conseguenze di quella scelta furono pesantissime: Ruggero morì in battaglia insieme con settecento cavalieri e tremila fanti. Le due immagini sono sovrapposte: come se il miniatore avesse pensato che l'incontro tra quei cavalieri e il re potesse evitare nel futuro disastri paragonabili a quell'atroce sconfitta.

Baldovino, re di un regno sospeso tra Oriente e Occidente e tra terra e cielo, accettò con gioia di sostenere la nuova confraternita che si proponeva di dare soccorso alla Terra Santa. Il re decise di affrontare la questione durante il concilio-assemblea di Nablus, nel gennaio del 1120. Lì si erano radunate le autorità laiche e quelle religiose del regno di Gerusalemme, sotto la guida in qualche modo congiunta del re Baldovino II e del patriarca latino di Gerusalemme, il piccardo Gormond de Picquigny. Ancora oggi gli storici non sanno definire con certezza cosa si radunò a Nablus: un concilio della Chiesa? un sinodo? un'assemblea generale dei grandi del regno? In ogni caso, quel che vi accadde era quantomeno sorprendente: il re e il patriarca presero insieme decisioni in materia religiosa. Ciò non si vedeva più da molto tempo. All'epoca dell'Impero carolingio, e poi con la dinastia degli Ottoni, era una consuetudine, in quanto l'imperatore, come il *basileus* in Oriente, era unto con il crisma e quindi interveniva con autorità nelle questioni religiose di una Chiesa che non era ancora una vera e propria istituzione ecclesiastica. Ma nell'XI secolo, la secolarizzazione e la degenerazione dei costumi dei chierici e l'appropriazione di benefici ecclesiastici da parte dei laici, condussero papa Gregorio VII († 1085) a voler riformare profondamente la Chiesa e finirono per strappare dalle mani dei laici ogni forma di potere religioso.

Proprio in quel grappolo di anni i chierici e i laici stavano combattendo l'ultimo atto del lungo conflitto che aveva opposto il papato all'Impero, papa Gregorio VII all'imperatore Enrico IV, e che si sarebbe concluso nel 1122 a Worms, con il concordato fra Callisto II e l'imperatore Enrico V. Tra gli effetti della cosiddetta «riforma gregoriana» che accompagnò quel dissidio ci fu la netta divisione tra chierici e laici, che sancì da quel momento in avanti l'inferiorità spirituale dei secondi rispetto ai primi. Così, ai laici desiderosi di santità non rimase che la via dell'obbedienza al clero.

Ma la Terra Santa era un vero e proprio laboratorio politico e spirituale dove succedevano cose impensabili altrove. E così, appena due anni prima del concordato di Worms, a Nablus nel 1120 troviamo i responsabili dell'intera comunità crociata, chierici e laici insieme, pronti a riflettere sulla situazione spirituale degli Stati crociati e intenti a interpretare i segni divini. Ne parla nella sua *Storia dei fatti d'Oriente* anche l'arcivescovo di Tiro,

Guglielmo († intorno al 1186), precettore del futuro re Baldovino IV, il re lebbroso, e cancelliere del regno di Gerusalemme: i peccati del popolo avevano provocato l'ira del Signore e per questo da quattro anni il regno subiva non solo frequenti attacchi dai nemici, ma anche l'invasione di locuste e di topi voraci che avevano finito per far scomparire il pane. Tutti erano atterriti dai segni minacciosi che venivano dal cielo e dai frequenti terremoti, dalla fame e dalla violenza del nemico.

A Nablus si parlò senz'altro anche della recente sconfitta del «Campo di sangue» e, in quel contesto, dovette essere più facile per il re convincere il priore dei canonici regolari del Santo Sepolcro a sciogliere i cavalieri dall'obbedienza dovuta. I cavalieri, la cui fraternità veniva riconosciuta, furono posti sotto l'autorità del patriarca di Gerusalemme, il che concretamente li lasciava molto più liberi da vincoli con il clero locale. Visto che la nuova comunità non aveva più un luogo dove riunirsi, il re Baldovino concesse loro l'uso di una delle residenze gerosolimitane, quella conosciuta sotto il nome di Tempio di Salomone, da cui i frati cavalieri presero più tardi il nome di templari. Noi non sapremo mai se i veri sentimenti dei templari che li portarono a ottenere l'appoggio delle maggiori autorità del regno di Gerusalemme fossero quelli espressi dal cavaliere Ernoul, oppure se lo scudiero del celebre Baliano di Ibelin, signore di Nablus e strenuo difensore di Gerusalemme nel 1187 contro il Saladino, ci mise del suo. In ogni caso, il processo psicologico sembra quantomeno plausibile.

Dovremmo trarne esempio, noi, in questo tempo di crisi sociale e spirituale, e cogliere spunti per ripensare e rimettere in discussione antiche certezze e consolidati obiettivi. I templari seppero trasformare quel tempo e quell'esperienza di Fine del loro mondo, quella disillusione, e quella crisi, in una delle realtà spirituali, economiche e militari più importanti d'Europa. Trasformarono il tempo cronologico in «tempo dell'occasione». Da *Chrónos* a *Kairós*. I templari direbbero ai nostri giovani: «Sappiate che ora il mondo ha bisogno di voi, delle vostre energie e di ciò che sapete fare»; e anche: «Non isolatevi, ma trovate dei compagni di avventura, perché non siete soli»; infine: «Abbiate l'umiltà di chiedere consiglio a chi stimate».

La scelta dei templari, che li portò a proporsi al re, fu un piccolo fatto nel complesso della storia più grande, ma le conseguenze lasciarono una traccia indelebile: in brevissimo tempo i «poveri cavalieri» divennero una delle grandi potenze internazionali. Così descrisse la loro ascesa il patriarca giacobita di Antiochia Michele il Siro († 1199):

> Quanto a loro, si imposero la regola di vivere come monaci, non sposandosi, non andando ai bagni, non possedendo assolutamente nulla di proprio, ma mettendo in comune tutti i loro beni. Con simili abitudini, cominciarono a diventare famosi: la loro reputazione si diffuse in tutto il paese, al punto che dei principi del regno, dei re, dei grandi e degli umili arrivavano e si univano a loro in quella fraternità spirituale; e chiunque diveniva loro fratello donava alla comunità tutto ciò che possedeva: villaggi, città, o qualsiasi altro bene. Si moltiplicarono, si svilupparono e si trovarono a possedere dei territori, non solo nella contrada della Palestina, ma anche nelle contrade lontane d'Italia e di Roma.

E più avanti:

> Si moltiplicarono al punto di essere centomila. Possedevano dei castelli e costruirono essi stessi delle piazzeforti in tutti i paesi dominati dai cristiani. La loro ricchezza si moltiplicò in oro e in beni di ogni tipo, in armature di ogni specie, in mandrie e greggi di montoni, di buoi, di maiali, di cammelli, di cavalli, più di quella di tutti i re. E tuttavia erano poveri e distaccati da tutto.

Diciamo che i templari cambiarono stile di vita. Alla loro carta d'identità possiamo aggiungere questi valori: povertà e comunione dei beni, fraternità e distacco da tutto, rinuncia al desiderio personale e quindi all'individualismo.

Ma al contempo, così come desideravano, si era prodotto un cambiamento significativo nella loro vocazione: da custodi della Terra Santa e protettori dei pellegrini passarono al servizio militare nell'armata del re. Insomma, come prova il nostro affresco, il santo a cavallo cui si rifacevano non era certo san Martino (IV secolo) che diede a un mendicante la metà del suo mantello militare, e che giunse ad abbandonare l'esercito per portare a termine la sua missione religiosa. I templari avevano assunto una funzione militare a tutti gli effetti, cosa che cominciò a creare delle perplessità sull'autenticità della loro vocazione. Il fatto che dei cavalieri divenissero religiosi senza deporre le armi era una novità assoluta per la cristianità. Quella strana scelta doveva essere ratificata a un livello ecclesiale più alto, e in Occidente. Grazie al cavaliere e abate cistercense san Bernardo di Clairvaux, i templari riuscirono in un'impresa davvero epocale: ottenere una regola e diventare un vero e proprio ordine religioso. Fu Bernardo a organizzare – potremmo dire a produrre – il concilio provinciale di Troyes, il 13 gennaio 1129, giorno della festa di sant'Ilario. Il concilio riuniva innanzitutto i due protagonisti, san Bernardo e Ugo di Payns, poi l'ambasciatore del papa, due arcivescovi (di Sens e di Reims), dieci vescovi, sette abati, due *magistri*, un segretario, cinque templari e tre laici.

Analizzando le biografie dei Padri conciliari di Troyes, si può notare che formavano una specie di squadra di lavoro: incoraggiavano le nuove formazioni religiose, scrivevano regole di ordini e si dedicavano alla riforma delle abbazie e dei capitoli della regione. I laici erano il conte di Champagne Thibaut II, nipote ed erede del conte Ugo che si era fatto templare nel 1125, il conte di Nevers Guillaume e il senescalco André de Baudement. Proprio come era avvenuto a Nablus nove anni prima, a Troyes i laici svolsero un ruolo attivo. Addirittura furono esplicitamente invitati a partecipare alla redazione della regola, naturalmente per quel che riguarda l'aspetto militare. I templari, per il solo fatto di esistere, obbligavano alla continua novità e stimolavano piccole rivoluzioni.

Il 13 gennaio 1129 nacquero nella Champagne «i poveri compagni di battaglia di Cristo e del Tempio di Salomone». Hanno la licenza di uccidere il nemico in battaglia senza peccare. La regola è saldamente fondata sul testo della regola benedettina, che riprende spesso parola per parola senza però mai citarla. I Padri del concilio furono quindi gli autori formali della regola, ma possiamo pensare che la maggior parte degli articoli siano da attribuire agli interventi di Ugo di Payns e san Bernardo. Il maestro Ugo riferì al concilio tutte le norme di vita che i templari avevano seguito fino a quel momento e san Bernardo fece un lungo discorso lodato da tutti i partecipanti. I laici diedero senz'altro il loro contributo sulle questioni espressamente militari. A quanto mi risulta, non esiste nessun'altra regola di un ordine religioso che comporti una sezione esplicitamente militare. I teutonici e alcuni ordini minori adottarono la regola templare per l'aspetto militare, mentre gli altri ordini della stessa natura si limitarono a inserire le procedure militari nei loro statuti, pur adottando una regola religiosa del tutto priva di riferimenti bellici.

La posta in gioco era grande: la Chiesa aveva accettato l'esistenza di una via di santità che prevedesse il combattimento armato. Naturalmente, esisteva il contrappasso: il templare doveva essere pronto a uccidere, ma anche a morire, senza preferire l'una cosa né l'altra. Il templare che combatte quindi ha già rinunciato alla propria vita prima ancora di entrare sul campo di battaglia. Fatta questa premessa, vediamo quindi che tipo di valori veicola questa nuova realtà religiosa. Il frate templare parte dalla riforma della cavalleria mondana, che, secondo la regola, si era ormai traviata dimenticando «ciò che era suo», e cioè la difesa dei poveri e delle chiese. Invece si stava dedicando alla rapina e al saccheggio. Quindi la vocazione dei templari consisteva innanzitutto nella difesa dei poveri e delle chiese, ma in Terra Santa.

Il fine della regola era di mettere insieme il tempo del religioso e il tempo del combattente, mantenendo la santità come unico obiettivo del templare. Questa sfida della doppia vocazione coniugò due diverse etiche, quella cavalleresca e quella monastica e diede alla luce una regola religiosa sorprendente, rigorosamente antiascetica per dei frati e una regola coraggiosamente antieroica per dei cavalieri. Mi spiego meglio. Il modello ascetico dei monaci e degli eremiti era desiderio e aspirazione principale di tanti cavalieri in cerca di santità, ma di fatto rappresentava una tentazione per i templari, che avevano il dovere di costituire una squadra e di conservare un'ottima condizione fisica. Così, veniamo a scoprire che i frati templari sono obbligati a riposarsi la mattina, se stanchi; che non possono stare troppo in piedi durante le funzioni religiose e che devono mangiare a due a due nello stesso piatto perché ognuno possa controllare l'altro e impedirgli di digiunare troppo.

A questo proposito, in una sua predica il vescovo di Acri, Jacques de Vitry († 1240), racconta un episodio:

> Siamo venuti a sapere di una persona molto religiosa, ma non secondo la scienza, che nella battaglia contro i Saraceni, al primo colpo di lancia, cadde dal suo cavallo. Un suo confratello lo sollevò con grande pericolo per la propria persona. Subito dopo però, per un altro colpo, costui cadde nuovamente a terra. Gli disse il suo confratello, quel cavaliere che lo aveva già sollevato due volte e liberato dalla morte: «Signor Pane e Acqua, attento a voi, perché se cadrete ancora una volta non sarò io certo a sollevarvi». Lo chiamava «Pane e Acqua» perché digiunando spesso aveva debilitato troppo il proprio corpo rendendolo inutile per la battaglia. Non dovete infatti tentare Dio ma fare ciò che spetta a voi, previa la ragione, solo allora potrete accogliere la morte per Cristo.

La stessa regola mitiga gli aspetti più appariscenti legati alla condizione di cavaliere e mette in dubbio i principi stessi della cavalleria. *Aventure, largesse, prouesse*: i tipici valori del cavaliere medievale esaltati nelle *Chansons de geste* sono assolutamente negati. Chi ha pronunciato il voto monastico di povertà non può esibire decorazioni d'oro o d'argento. Chi ha già dato tutto a Dio ha scelto di sacrificare, nel senso originario della parola e cioè «rendere sacro», ogni momento della vita e quindi non può avere interesse a fare gesti eccezionali manifestando la propria generosità attraverso regali. I cavalieri templari non devono nemmeno sfoggiare la forza fisica né gloriarsi delle proprie *prouesses*, perché ogni prodezza deve essere attribuita a Dio e la prestanza fisica non è certo un valore spirituale. Il loro dovere è l'obbedienza, non l'eroismo. Per esempio, negli statuti viene detto che, se un templare vede che un cristiano rischia la vita, lo deve soccorrere solo se la sua coscienza gli dice che sarà in grado di salvarlo. Detto questo, il coraggio era dato per scontato e il coraggio dei templari fu riconosciuto in numerose occasioni, anche dagli avversari. Non venne risparmiata neppure la caccia, perché ricreava un ambiente sociale aristocratico che i frati cavalieri avevano scelto di abbandonare. L'unica caccia permessa era quella al leone, simbolo dell'energia bestiale che l'uomo pio deve domare e utilizzare, nonché animale realmente pericoloso in Terra Santa.

I templari rappresentarono per l'epoca una grandissima novità. Furono considerati «rivoluzionari» innanzitutto dai loro contemporanei. Il cistercense Bernardo di Clairvaux († 1153) compose per loro un fortunatissimo «Elogio della nuova cavalleria», e il certosino Guigues I († 1137) de la Grande Chartreuse scrisse al fondatore maestro Ugo a proposito del doppio combattimento che si apprestavano a sostenere, quello contro il nemico esteriore e quello contro il nemico invisibile. Ci fu quindi chi approvò con vigore la novità di quest'ordine religioso che al tempo stesso era militare, come il cluniacense Pietro il Venerabile († 1156) o il canonico premonstratense Anselmo di Havelberg († 1158). Ma ci fu anche chi la osteggiò, come il cistercense Isaac de l'Étoile († 1169), che considerava la «nuova cavalleria» come un «nuovo mostro». Altrettanto dannosa era la novità introdotta dal monaco Pietro Abelardo, che applicava la logica e la dialettica alla teologia.

Questo nuovo ordine, nato in Palestina, legittimato a Troyes, fu presentato al clero di tutta Europa durante il concilio di Pisa del 1135, e nel 1139, con la bolla *Omnis datum optimum*, fu sottomesso all'autorità diretta ed esclusiva del pontefice. Proprio per questo nel 1312 papa Clemente V, unico superiore dell'ordine, aveva tutta l'autorità per scioglierlo.

L'eccellenza e la fama dei cavalieri templari furono tali da indurre Guillaume le Maréchal († 1219), colui che fu definito già dai suoi contemporanei «il miglior cavaliere del mondo», a prendere l'abito del Tempio in punto di morte. Ma non fu l'unico: secondo la sua *Vita*, il grande trovatore Jaufré Rudel († 1170), inventore dell'*amour de loin*, giunto in Terra Santa durante la seconda crociata, chiese infatti di indossare l'abito templare morendo tra le braccia della sua amata, la contessa di Tripoli.

Il nemico visibile

Chi fu, in concreto, l'avversario visibile dei templari? Dire, come talvolta si sente, che il nemico dei templari fu l'Islam è una grande bugia. Eppure, per fare solo un esempio tratto dalla tragica attualità, il norvegese Anders Behring Breivik, autore delle stragi di Oslo e di Utøya, ha scritto un libro di ben millecinquecento pagine in cui i nuovi cavalieri templari – di cui lui sarebbe il capo, naturalmente – organizzano, attraverso stragi, colpi di stato e guerre civili, un piano per l'indipendenza europea che ha come nemici assoluti l'Islam, gli immigrati e tutti coloro che non lo condividono, papa compreso. Il suo video su YouTube si intitola «Cavalieri Templari 2083». È chiaro che siamo di fronte a un immaginario collettivo completamente da ricostruire. È chiaro che l'ultima battaglia che i templari si trovano a combattere oggi è quella contro il loro stesso mito e i suoi potenti cascami mediatici.

Lasciamo la parola ai templari. L'articolo 48 della regola latina di Troyes ci dice che è stata la divina Provvidenza a far nascere nei Luoghi santi questo nuovo ordine religioso, in cui la cavalleria si mescola alla professione religiosa e così, avanzando armata, la fraternità religiosa può colpire il nemico pubblico («hostem») senza che ci sia colpa. Per il traduttore francese della regola il nemico pubblico diventa «il nemico della croce».

Il nemico della croce non era necessariamente l'Islam. Infatti nello scacchiere della Terra Santa agivano realtà diverse, che spesso si alleavano tra loro indipendentemente dalla fede. Gli abitanti della Palestina, per esempio, fossero essi cristiani d'Oriente, ebrei o musulmani, furono spesso vittime dei crociati. E i bizantini, anch'essi cristiani, attaccarono i crociati e viceversa. Del resto è noto che nel 1204 i crociati conquistarono e saccheggiarono Bisanzio instaurando l'Impero latino d'Oriente. Inoltre si verificarono scontri acerrimi, talvolta armati, fra i templari e gli altri ordini militari, tra le colonie orientali di Genova, Venezia, Pisa, tra i baroni di Terra Santa e infine tra i latini d'Oriente, detti anche «poulains» o «franchi», e i crociati venuti dall'Europa. Quest'ultimo fu il contrasto più forte, che determinò alcune tra le più cocenti sconfitte dei crociati.

Su questo scacchiere l'Islam appariva altrettanto diviso, sia sul piano religioso (sciiti e sunniti) sia sul piano politico (turchi selgiuchidi, fatimidi d'Egitto, mamelucchi ecc). Le alleanze politico-militari fra le varie fazioni, siano esse cristiane o musulmane, erano estremamente mutevoli. Non si può parlare quindi, a proposito delle crociate, di scontro fra il cristianesimo e l'Islam, né tantomeno se ne può parlare a proposito dei templari.

Combattere il nemico della croce in quanto nemico pubblico era semplicemente il presupposto per cui i templari ricevettero, diremmo oggi, «licenza di uccidere». Per la prima volta nella sua storia, la Chiesa affermava ufficialmente che ai componenti di un ordine religioso era permesso di uccidere il nemico senza che ciò costituisse un peccato né esigesse una penitenza. Non possiamo aprire qui il tema del rapporto fra il cristianesimo e la guerra; diciamo soltanto che nella pratica erano numerosi, all'epoca, i chierici che prendevano le armi e partecipavano alle battaglie, ma ciò non era mai stato ufficialmente accettato dalle istituzioni ecclesiastiche. In ogni caso, quanto al nemico, la regola non accenna in alcun modo esplicitamente ai musulmani, ma indica solo il nemico pubblico, cioè quello indicato come tale da una pubblica autorità. Il compito dei frati templari viene descritto in altri articoli della regola anche in modo più duro: «Cancellare (*delere*) dalla Terra santa i nemici (*inimicos*) di Cristo», «cancellare dalla Terra i non credenti (*incredulos*) che sono da sempre nemici del figlio della Vergine», che però nella regola francese suona così:

«Difendere la Terra dai miscredenti pagani (*mescreans païens*) che sono nemici del Figlio della Vergine Maria». E qui va detto che, anche nella letteratura ecclesiastica dell'epoca, i musulmani non erano affatto considerati dei pagani quanto piuttosto degli eretici. In ogni caso monoteisti figli di Abramo.

Pur di sostenere la causa templare, nel suo *Elogio della nuova cavalleria* san Bernardo sostiene una teoria un po' capziosa: il templare, quando uccide il nemico, uccide il male, e non l'uomo, e quindi è un «malicida» e non un omicida. Molto più interessante è la lettera inviata a Gerusalemme *Ai cavalieri di Cristo* da un certo «Ugo peccatore» che, a mio parere, è proprio il nostro maestro Ugo, anche se ultimamente sono stati portati argomenti in favore dell'attribuzione del testo al contemporaneo Ugo di San Vittore († 1141), un celebre teologo e canonico vittorino. Ugo ha sentito che alcuni templari sono turbati. C'è chi sostiene che abbracciando le armi si trovano in uno stato di peccato e, in ogni caso, le armi impediranno loro di progredire nella via della santità. Ugo ricorda che la loro professione richiede di portare le armi «contro i nemici della fede e della pace per la difesa dei cristiani». Ancora una volta, non si parla di musulmani. Ugo spiega quindi che è l'intenzione a decidere se un'azione è buona o cattiva. È il nemico invisibile, cioè il diavolo, che prova a suggerire sentimenti di odio e rabbia mentre si uccide e sentimenti di cupidigia mentre si saccheggia. Il templare deve combattere il diavolo, uccidendo senza essere preso dall'odio e dall'iniquità e saccheggiando senza essere preso dall'avidità e dal desiderio.

Inoltre, tanto san Bernardo quanto la regola si affrettano a precisare che a questo moto aggressivo contro il nemico deve corrispondere un'eguale disponibilità a morire. «Accetterò il calice della salvezza, cioè la morte, cioè imiterò con la mia morte la morte del Signore; così come Cristo diede per me la sua vita, così anch'io sono pronto a dare la mia vita per i fratelli», dice la regola del Tempio.

Guardando la battaglia raffigurata nell'affresco di San Bevignate dobbiamo sapere che quei frati cavalieri volevano affrontare il combattimento con una disposizione interiore decisamente nuova. Per riprendere le parole del cronista Ibn al-Athir, relative alla battaglia di Gerusalemme del 1187, «ognuna delle due parti considerava il combattere un obbligo religioso e perentorio».

Secondo la loro stessa regola, il nemico visibile dei templari non erano dunque esplicitamente i musulmani, ma dapprima erano tutti coloro che (di qualunque fede fossero) attaccavano i pellegrini. In seguito, quando entrarono a far parte dell'esercito, i nemici erano via via designati dal re di Gerusalemme, almeno in teoria. Ce lo racconta molto bene il patriarca Michele il Siro: «Malgrado la loro istituzione sia nata per provvedere ai pellegrini che venivano a pregare, per scortarli lungo la strada, tuttavia in seguito, andavano con i re in guerra contro i turchi».

Abbiamo visto che la sconfitta del 1119, detta del «Campo di sangue», aveva in qualche modo convinto Ugo di Payns e i suoi compagni della necessità di costituire una nuova realtà militare «santa» come era santa la terra in cui operavano. Dopo l'assemblea di Nablus del 1120 Ugo di Payns si recò in Europa. Poteva basarsi sull'appoggio di re Baldovino II, ma anche su quello di un altro Ugo, l'ex conte di Champagne, amico e parente di san Bernardo e suo precedente signore, che nel 1125 decise di abbandonare il suo feudo e di farsi templare.

Il maestro Ugo voleva ottenere dal papa la legittimazione del nuovo ordine. Inoltre reclutò nuove forze da impiegare nell'impresa dell'assedio di Damasco. Così, nel 1129, appena tornati dall'Europa carichi di donazioni, magioni, terreni, denaro, uomini, i templari si misurarono in battaglia per la prima volta: fu un vero disastro.

Il cronista normanno Robert de Torigny († 1186), abate di Mont-Saint-Michel, commenta la sconfitta dicendo che «andò male a quelli che Ugo di Payns, maestro della cavalleria del Tempio di Gerusalemme, aveva convinto a raggiungere la Città Santa dall'Inghilterra. Infatti gli abitanti della Santa Terra avevano offeso Dio con vari delitti. Come è scritto in Mosè e nel Libro dei Re, i delitti che avvengono in quei luoghi non restano impuniti a lungo. E così, la vigilia di san Nicola, molti cristiani furono sconfitti da pochi pagani, quando di solito accadeva il contrario».

Consideriamo adesso gli ideali degli avversari. Con che spirito il cavaliere musulmano avrebbe dovuto affrontare la battaglia?

Sappiamo che tradurre il termine *jihad* con «guerra santa» non è esatto. È meglio dire «sforzo per Dio». Il grande *jihad* significa per il musulmano la lotta interiore contro il nemico invisibile, mentre il piccolo *jihad* prevede anche la guerra contro il nemico visibile, che genericamente si definisce «guerra santa». Tuttavia è innegabile che nell'Islam esista il «guerriero sacro», mentre nel cristianesimo l'unica esperienza ufficiale e riconosciuta di «guerriero sacro» è proprio quella dei templari, che sottolinea il passaggio dalla «guerra giusta» alla «guerra santa». Del resto, quando arrivarono le prime bande di crociati, al seguito di nobili o di predicatori, emiri e sultani e capi islamici, sunniti e sciiti, arabi e turchi, erano impegnati in continue guerre interne, in cui coinvolsero gli stessi crociati come alleati. Solo a partire da Imad al-Din Zangi, *atabeg* di Aleppo e Mossul, e da suo figlio Nur al-Din (Norandino), il *jihad* da realtà religiosa tornò a essere anche un fatto ideologico e politico, come ai tempi della grande espansione islamica nel Mediterraneo dell'VIII e IX secolo. Il *jihad* fu lo strumento che unificò l'Islam contro i crociati sotto il comando del principe curdo Salah al-Din al-Ayyubi, cioè il Saladino.

La prima vera battaglia, non solo allegorica, ricordata dai musulmani è la battaglia di Badr, avvenuta nel secondo anno dall'Egira e citata nella sura 8 del Corano con il titolo di «Sura del bottino». Il profeta Muhammad si era trovato a dover scegliere se inseguire una carovana o affrontare l'esercito partito dalla Mecca per difendere il convoglio. Secondo la tradizione, l'armata del profeta Muhammad era composta da 314 uomini, mentre l'esercito meccano ne aveva circa mille. Grazie alle truppe angeliche che parteciparono alla battaglia, la vittoria arrise per la prima volta ai musulmani.

Attraverso l'attribuzione del bottino, la sura 8 cambia la natura stessa della battaglia, sacralizzandola. Infatti è scritto che «il bottino spetta a Dio e al Suo inviato». In questo modo si esclude il vantaggio personale e si distingue una battaglia qualunque da una battaglia condotta per la causa di Dio.

È interessante vedere come la questione del bottino sia stata affrontata anche dai templari. Intanto, nella lettera del maestro Ugo si afferma che il bottino è per i templari quello che il salario è per gli operai: «Togliete loro ciò che a causa dei loro peccati giustamente viene tolto e giustamente è dovuto a voi per il vostro lavoro. "L'operaio infatti è degno del suo salario" (cfr. 1Tm 5,18)». Nel vangelo di Luca (3,14) san Giovanni Battista risponde ai soldati che devono accontentarsi della paga. Con questo Ugo sostiene anche che il cavaliere è un semplice lavoratore, non appartiene a una classe sociale più elevata. In una lettera scritta all'amico conte Ugo di Champagne, che, come abbiamo detto, nel 1125 aveva rinunciato al suo feudo per entrare nell'ordine templare, san Bernardo scrive: «Per la causa di Dio da conte ti sei fatto cavaliere e da ricco ti sei fatto povero» (Epistola 31). Per un alto esponente dell'aristocrazia, divenire templare era senz'altro una perdita economica e sociale, ma ciò che ci dice Ugo nella sua lettera è che tutti i cavalieri templari non appartengono neppure più alla classe sociale dei combattenti, ma, seguendo Cristo, si sono ulteriormente abbassati alla classe dei lavoratori. Questa rinuncia ai privilegi e agli onori della condizione sociale di partenza è una delle caratteristiche «antieroiche» della regola. Almeno in teoria. I Padri conciliari a Troyes scelgono una strada più conforme a un ordine religioso: i templari, avendo rinunciato alla ricchezza e avendo scelto spontaneamente la povertà e la vita comune, hanno diritto alla «decima». La decima consiste in una frazione del raccolto che veniva versata al clero per il suo sostentamento. Sorta nell'Alto Medioevo, si diffuse come obbligatoria dopo l'anno Mille, ma spesso veniva riscossa dai signori laici. Il fatto che ai templari fosse attribuita la decima significava che erano considerati parte dell'istituzione ecclesiastica, degli *oratores*.

Un'istituzione musulmana che fa del guerriero prima di tutto un credente è il *ribat*, un centro spirituale e militare posto in una zona di frontiera dove i cavalieri, chiamati *murabitun* (da cui il cognome Morabito, tutt'ora diffusissimo soprattutto nell'Italia meridionale), pregavano e combattevano, per un periodo determinato. Il *ribat* con queste caratteristiche si trovava soprattutto in Spagna e in Tunisia. In Terra Santa invece lo stesso nome indicava un luogo sacro abitato dai sufi, i mistici musulmani. Alcuni studiosi hanno pensato che i templari avessero trovato il loro modello proprio nel *ribat*, ma ora si è più propensi a credere che le due realtà siano sorte in parallelo, senza la filiazione diretta dell'una dall'altra.

Ci piacerebbe sapere come i cavalieri latini di Terra Santa fossero visti dai cavalieri musulmani. Ebbene, abbiamo un testimone d'eccezione: Usama ibn Munqidh († 1188), figlio dell'emiro di Shaizar, cavaliere, politico, scrittore vissuto alle corti musulmane degli emiri di Siria e dei califfi fatimidi d'Egitto. Nella sua «autobiografia» (*Kitāb al-i 'tibār*, «Libro dell'ammaestramento con gli esempi») Usama descrive dettagliatamente le sue frequenti missioni presso le corti degli Stati latini d'Oriente. Per esempio, ci narra dell'incontro con il re di Gerusalemme, Folco d'Angiò, che era arrivato in Terra Santa nel 1129 con Ugo di Payns e che per qualche tempo si era fatto templare:

> Presso i Franchi (cioè i Latini d'Oriente), non c'è virtù umana che apprezzino fuor del valore guerriero, e nessuno ha preminenza e alto grado fuor dei cavalieri, le uniche persone che valgono presso di loro ... Il re mi disse: «O tu, ieri mi sono grandemente rallegrato!». «Dio rallegri vostra Maestà – risposi io – per che cosa ti sei rallegrato?» «Mi han detto che tu sei un gran cavaliere e io non credevo che tu fossi cavaliere.» «Maestà, risposi, sono un cavaliere della mia razza e della mia gente».

Questo, per quel che riguarda i cavalieri in generale. Usama ci regala anche una citatissima testimonianza del rapporto che, al di fuori del campo di battaglia, esisteva fra i templari e i musulmani. Egli li frequentò a Gerusalemme in varie occasioni, soprattutto fra il 1140 e il 1143. Ogni volta che li cita li distingue dagli altri «latini» proprio a causa della loro sensibilità religiosa che, dice Usama, li rendeva più simili ai cristiani d'oriente, che imparano l'arabo e condividono la stessa vita con i loro fratelli musulmani. In particolare l'emiro racconta: «Quando visitai Gerusalemme io solevo entrare nella moschea al-Aqsa, al cui fianco c'è un piccolo oratorio, di cui i franchi avevan fatto una chiesa. Quando dunque entravano nella moschea al-Aqsa, dove erano insediati i miei amici templari, essi mi mettevano a disposizione quel piccolo oratorio per compiervi le mie preghiere». Usama aggiunge che invece i templari appena giunti da occidente lo avevano aggredito dicendogli che doveva pregare con il viso rivolto a oriente.

Questa discrepanza fra i crociati che via via arrivavano in Terra Santa e i latini che ormai vi si erano stabiliti o che addirittura erano nati lì fu una delle ragioni principali della perdita di Gerusalemme e di tutti gli Stati latini. I crociati appena giunti in Terra Santa avevano un'immagine del nemico che li portava a identificare con il musulmano ogni persona, civile o militare, che non fosse «latina», mentre i baroni di Terra Santa avevano ormai trovato una capacità di convivenza che aveva ampliato la conoscenza reciproca. In particolare i templari, che avevano coltivato un rapporto speciale con Damasco, insieme con il regno di Gerusalemme, si distinsero per la partecipazione a liturgie e devozioni con i cristiani latini d'Oriente e con i musulmani, come vedremo più avanti.

Usama incontrava i templari presso la loro casa madre, che dal 1120 è la moschea al-Aqsa, cioè il palazzo di Salomone detto dai pellegrini medievali «Tempio di Salomone». Durante i restauri della moschea avvenuti negli anni Trenta del XX secolo, fu rinvenuta un'iscrizione medievale che nomina la MILITIA TEMPLI, la «cavalleria del Tempio». Sui resti del palazzo del re Salomone era stata eretta la moschea al-Aqsa, che non è una moschea qualsiasi, ma il terzo luogo santo dell'Islam. Secondo la tradizione islamica, in quel luogo era giunto il profeta Muhammad a cavallo di al-Buraq, un bianco destriero alato, al termine del suo «viaggio notturno» (sura 17). Quel viaggio aveva condotto il profeta, con la guida dell'arcangelo Gabriele, dalla Mecca a Gerusalemme, e lì, proprio sullo spazio prospiciente al distrutto Tempio di Salomone – dove ora vivevano i templari insieme con i loro numerosi cavalli, ospitati nelle celebri e vaste «Stalle di re Salomone» –, avvenne, secondo la tradizione islamica, l'incontro fra il profeta Muhammad, Abramo, Mosè e Gesù.

Quello spazio sacro fu dissacrato molte volte nei secoli. Una di quelle fu la conquista crociata di Gerusalemme, il 15 luglio del 1099: il cronista e testimone Raimondo d'Aguilers, cappellano di Raimondo IV conte di Tolosa, aveva scritto, usando le parole dell'Apocalisse, che «nel Tempio e nel portico di Salomone i cavalli marciavano nel sangue fino alle ginocchia e fino alle briglie».

Il sacrificio del cavallo

L'autore dell'affresco di San Bevignate, con tratto semplice ma suggestivo, evoca una teoria di cavalieri templari, con i loro cavalli, le loro armature, le croci e il gonfalone, colti nel momento dello scontro con gli avversari. A noi basterebbe così. Lì tutti i presenti sono disposti a uccidere e a morire. La scena è solenne. Ascoltiamo però cosa ci direbbero i templari stessi:

> Caro fratello, del nostro ordine non cogli che l'apparenza, la scorza che si vede da fuori. Ed è una bella immagine, perché vedi che abbiamo dei bei cavalli e un bell'equipaggiamento militare e che da noi si mangia e si beve bene e che abbiamo un bell'abito. Ne deduci che la vita per noi è molto facile. Ma tu non hai idea di quanto siano estremi gli obblighi interiori: quanto sia gravoso per te, che sei signore di te stesso, farti schiavo di un altro! (Art. 661, cfr. ed. Amatuccio, p. 380)

Il templare è fatto così: ti mostra una bella immagine di sé e subito, con verve iconoclasta, ti obbliga a toglierle il velo, a distruggerla per andare oltre, perché la bella immagine possa assolvere pienamente la sua funzione, che non è mai estetica ma spirituale, di strumento di viaggio, di bussola. I templari non sono feticisti, né esteti, né narcisisti. Ma sono estremisti radicali. E forse ricordano la frase di Gesù nel vangelo di Marco (8,34-35): «Convocata la folla insieme ai suoi discepoli, disse loro: "Se qualcuno vuol venire dietro a me, rinneghi se stesso, prenda la sua croce e mi segua. Perché chi vuole salvare la propria vita, la perderà; ma chi perderà la propria vita per causa mia e del Vangelo, la salverà"». E quindi, da cavalieri, che ostendono la croce, sanno di dover sacrificare ciò a cui tengono di più, ciò a cui ogni cavaliere tiene di più: il cavallo.

Nella nuova edizione del suo libro *Alle radici della cavalleria medievale*, Franco Cardini afferma che «il cavaliere medievale, senza cavallo, non è più niente: sembra una verità lapalissiana, ed è viceversa un dato da meditare approfonditamente, anche sul piano psicologico. Tra cavallo e cavaliere si stabilisce una sorta di "fraternità d'armi"». Senz'altro era così anche per i nostri frati cavalieri del Tempio, ma malgrado ciò, i templari hanno sacrificato il cavallo alla loro vocazione religiosa.

Come si è compiuto il sacrificio? Il sacrificio del cavallo come unico «fratello d'armi» del cavaliere si è consumato in vari modi. Per esempio, a parole. La parola «cavallo» nella regola latina dei templari, nella traduzione in francese antico «d'Oltremare» e negli statuti successivi dell'ordine (cioè in tutta la giurisdizione raccolta nei Capitoli dei frati cavalieri) ci permette di farci una prima idea. Nella regola latina, «cavallo» viene reso col termine *equus* ed è nominato quindici volte. La coppia «cavaliere-cavallo» viene resa con i termini *miles/equus* e mai con *eques/equus*. La versione francese traduce sempre *miles* con *chevalier*. Ci aspetteremmo una ricostruzione perfetta della coppia *chevalier / cheval*, con le conseguenti assonanze e consonanze, mentre qui la traduzione di «cavallo» si scinde: il latino *equus* viene tradotto sì *cheval* (per nove volte), ma anche *beste* (per quattro volte), «animale», «bestia». Ecco che assistiamo non solo allo scioglimento dell'abbinamento costante *chevalier/cheval*, ma anche a un declassamento del cavallo, che perde la propria unicità e che si trasforma così in un animale qualsiasi. I templari rinunciano a suscitare quel senso di alta prossimità all'essere umano che portò Nietzsche ad abbracciare e baciare un cavallo percosso a sangue, nel mezzo di una strada di Torino, nel 1889. Addirittura in un caso la versione francese della regola usa la parola *beste* per «animale selvaggio», che è *fera* nel testo latino, anche se in generale con *beste* si intende l'animale da sella. Gli statuti del Tempio sono meno utili a stabilire i rapporti ideali tra il cavallo e i templari, però ci regalano, come gli affreschi, uno squarcio della vita quotidiana dei frati cavalieri. Attraverso quei testi entriamo nelle carovane e nelle stalle templari dove sono presenti il cavallo, ma anche il turcomanno (cavallo pregiato da battaglia), il palafreno (cavallo da parata), il ronzino (cavallo non molto grande, adatto anche come animale da soma), il ronzino «alla ginetta» (un cavallo leggero, di piccola taglia), il puledro.

Poi ritroviamo le cavalcature in generale, dette *chevaucheure* o *beste*, che a loro volta potevano essere da battaglia o da soma; erano cavalli o muli, giumente o cammelli.

Le parole dei templari non ci riconducono a un'immagine unica e indivisibile di cavallo e cavaliere. Allora che cosa definisce l'essenza del cavaliere templare? Ancora una volta, la risposta ci viene dagli statuti dell'ordine. Bisogna ricordare che il cavaliere templare era solo colui che era stato addobbato come tale prima di entrare nell'ordine. Gli altri combattenti a cavallo erano sergenti d'arme e sapevano bene che, una volta entrati nell'ordine, non potevano in alcun modo aspirare a essere addobbati cavalieri. La regola valeva anche al contrario. Seguendo gli statuti, al momento di essere ammesso nell'ordine, un cavaliere sceglie di mentire affermando di non essere mai stato addobbato cavaliere e quindi viene accolto come frate sergente. Una volta scoperto, il cavaliere subisce una punizione molto severa, gli viene tolto l'abito, è messo in catene, disonorato pubblicamente e infine cacciato dalla casa, perché, gli viene detto, «se è cavaliere, deve esserlo e non può restare nel convento in abito di frate sergente». Perché i templari sono così severi con un confratello che ha mentito scegliendosi però un ruolo inferiore a quello che gli era dovuto? Perché giustamente i templari avvertono che quella presunta umiltà nascondeva un grande orgoglio: immaginare di poter disegnare da soli la propria via di conversione dimenticando così l'esortazione di san Paolo: ciascuno resti nello *status* in cui è. Per i templari, la conversione è l'unico vero cambiamento e ciò coincide con l'ingresso al Tempio e con l'abbandono del mondo. L'«abbandono del mondo» per un cavaliere poteva essere abbandonare il suo cavallo. Il cavaliere templare entra nell'ordine senza cavallo, perché non ha nulla di proprio. Paradossalmente, quando il cavaliere templare entra nel Tempio, vi entra come *pauper*, come un inerme: «poveri cavalieri di Cristo e del Tempio di Salomone».

Nel primo capitolo, proprio all'inizio, la regola stabilisce quale sia la condizione del cavaliere templare che abbia professato voti temporanei o definitivi. È un *miles* al servizio del sommo re, cioè del Cristo, che serve «con i cavalli e con le armi». Il cavaliere templare, rispetto a quello secolare, fa un passo ulteriore: si mette al servizio di Cristo, entra in un mondo che partecipa già dell'eternità. Non è più in cerca di avventura, non è più errante, ma è inserito in un esercito che obbedisce direttamente a Cristo, un sovrano che però non va a cavallo, ma che cavalca un asino, come con grande cura precisano i vangeli. Un'asina, il suo puledro o un asinello, secondo Matteo (21,1), Marco (11,1-2), Luca (19,28-30), Giovanni (12,14-15), che seguono Isaia (40,11) e Zaccaria (9,9).

Questo deve essere chiaro: è il fondamento su cui si costruisce tutta la complessa macchina da guerra templare. Il cavallo, semmai, fa coppia con «armi» o con «equipaggiamento», cioè con gli strumenti di lavoro di quel particolare lavoratore che per i templari è il cavaliere. Per il maestro Ugo, Cristo è un lavoratore, una persona che si affatica, che lavora, e i templari sono dei lavoratori come lui. Cristo combatte e loro sono i suoi «poveri compagni di battaglia».

Eliminare la volontà individuale intesa come desiderio è una delle condizioni essenziali della spiritualità templare. Come abbiamo già letto nella formula di ammissione del templare, il metodo seguito per domare il desiderio personale è quello di dare il contrario di ciò che uno desidera, come dice il titolo dell'articolo 24 della regola: «A chi desidera il meglio, venga dato il peggio», e tra i *desiderata* di un cavaliere ci sono naturalmente i bei cavalli. Quindi il templare non potrà scegliere personalmente il suo cavallo, la sua cavalcatura o le sue armi. Il templare non può neppure usare briglie, staffe o speroni con decorazioni d'oro o d'argento. E anche se li avesse ricevuti in dono, e fossero vecchi, l'oro e l'argento non si devono vedere, e lo splendore del metallo deve essere coperto da uno strato di colore. Come ci ha insegnato Michel Pastoureau, nel Medioevo la lucentezza conta più del colore stesso. La regola inoltre castiga ogni atteggiamento impulsivo ed eccessivamente energico impedendo al templare di tirare con l'arco o con la balestra nel bosco, ma anche di spronare il proprio cavallo preso dal desiderio di catturare la preda (Art. 44). La regola vieta la caccia (Artt. 43-45), un'altra situazione che valorizza la figura del cavaliere a cavallo, ma che viene condannata anche dai Padri e dai monaci. Infine, il frate templare che ha pronunciato voti definitivi secondo la regola, non entra nel Tempio con il proprio cavallo, a differenza del frate «provvisorio», il quale, non avendo abbandonato definitivamente il mondo, entra nel Tempio con il proprio cavallo.

In una predica ai frati cavalieri, il vescovo di Acri Jacques de Vitry afferma: «È davvero molto misero colui che pensa più al cavallo che a Cristo!». Ma lo stesso vescovo tratteggia anche la dolcezza e l'intensità del rapporto che poteva stabilirsi tra il cavallo e il frate cavaliere: «Un cavaliere di Cristo, vedendo la grande moltitudine di saraceni, fu preso da una grande fiducia e da una grande esaltazione in cuor suo e disse al suo cavallo: «O morello, buon compagno, salendoti in groppa e cavalcandoti ho fatto molti bei viaggi, ma questo viaggio li supererà tutti, infatti oggi mi porterai alla vita eterna». E dopo aver ucciso molti saraceni, egli stesso morì e fu coronato martire» (Sermone 38). Ed è così che, al momento della morte, dell'ultimo passaggio, il cavallo sacrificato torna alla sua funzione sacra di guida all'aldilà: ora è il cavallo che guida il cavaliere.

Il cavallo incantato, ovvero l'alfabeto segreto dei templari

Cosa preferite? Un alfabeto segreto dei templari oppure una formula magica per guarire i cavalli?

Nel XVIII secolo il prete rivoluzionario Henri Grégoire, conosciuto per la ferma volontà di abolire la schiavitù e di estendere i diritti civili agli ebrei, contrario alla pena di morte anche nei confronti di Luigi XVI, scrisse che i templari usavano un alfabeto segreto e lo disegnò in un suo libro sulle sette. Nel secolo successivo, lo storico Charles Hippolyte Maillard de Chambure, editore della regola dei templari, sostenne di aver riconosciuto – «non sans étonnement!» – sui fogli di guardia di un manoscritto della regola conservato a Parigi (Bibliothèque nationale de France, fr. 1977) tre delle lettere dell'alfabeto segreto templare descritto dall'abbé Grégoire: la C, la G e la U. Questa, di per sé, sarebbe già una bella storia, se non altro perché fa capire come la storia dei templari e la loro tragica fine siano sempre risultati tanto incomprensibili quanto affascinanti per studiosi, letterati, religiosi, filosofi e uomini politici dei secoli successivi. Da parte nostra è tuttavia necessario abbandonare la suggestiva ipotesi avanzata da dom Grégoire e lasciarla alla multiforme storia della leggenda templare. Infatti, centocinquant'anni dopo Maillard de Chambure, mi recai personalmente a Parigi, al dipartimento manoscritti della Bibliothèque nationale, in rue Richelieu, per consultare il manoscritto parigino francese 1977 e preparare una nuova edizione della regola del Tempio. Fu in quell'occasione che osservai delle note quasi illeggibili scritte nei fogli di guardia del codice, quelli che sono posti a protezione del libro scritto, prima e dopo il testo. Nei fogli che precedono il testo si trovava la prova dell'esistenza dell'alfabeto segreto templare! La cosa mi incuriosì al punto che decisi di provare a decifrare quelle scritture alla luce della lampada di Wood, di cui la Bibliothèque nationale de France, come le principali biblioteche, è dotata. Infatti i raggi ultravioletti della lampada, oltre ad attirare e quindi a uccidere le zanzare, hanno anche il potere di far emergere la componente metallica contenuta nell'inchiostro d'epoca medievale. Lentamente cominciarono a emergere, una dopo l'altra, le lettere. Grazie all'aiuto della paleografa Mirella Ferrari e della filologa Geneviève Hasenohr, riuscii a decifrare la scrittura semicancellata: non si trattava di un alfabeto segreto, ma del normale alfabeto latino (A, B, C...) con qualche lettera greca. I templari, probabili possessori del codice, vi scrissero un testo paraliturgico, ovvero una formula magico-religiosa, un *carmen*, uno *charme*, un incantamento, un incantesimo per guarire i cavalli.

Ne riportai la trascrizione nella mia tesi di dottorato alla Sorbona del 1997, ma in un articolo recente preparato per il settantesimo compleanno del professor Cardini l'ho integrata con i contributi di Errico Cuozzo e di Alain Demurger.

Ecco il testo scritto sul verso del primo foglio:

> lon fin son cha et breto de lanz sapa / aleartar denas tre se(n)hor di cii / † i suscript sainz e ay (.)ua ensalli / fere ho fustarena_m»;

che potrebbe essere letto anche così:

> lon (fer)m fon cha et breto de lanz sapa / aleartat denar tre se(n) hor di cii / (fer)a suscript sainz e ay (fer)ua ensalli / fere ho (fer) us et tavenaim.

Il significato di questa frase è ancora misterioso: vi invito a decifrarla! Dopo queste righe comincia la formula magica:

> † oc† est† nom mon† santa† / tre nitas † / † carta † dea† et en fusione † / e de aqua cantra † // ✠ car.ta dea ✠ / et enfusionoe ✠ / et de aqua cantra ✠ // ✠ oc † est † nom † meus ✠ / sant ✠ et a ✠ trinitas.

Sul recto del secondo foglio c'è scritto: «nota que los espitalyer fon / deryon los merchan de la costa de malfa / en iersilien», frase che si potrebbe tradurre: «Nota che gli ospitalieri sono stati fondati (oppure: "sono dietro", nel senso di "sono legati") dai mercanti della costa di Amalfi a Gerusalemme». Segue: «✠ tu ✠ es ✠ alpha ✠ et ✠ o ✠ / in ✠ te ✠ medium ✠ et ✠ finis ✠», che ricalca l'Apocalisse (1,8): «Io sono l'Alfa e l'Omèga», il Principio e la Fine.

Ed ecco il nucleo della liturgia di guarigione:

> Seinhas primirament tu meteis / .iii. vegadas e la bestia .i. e dy .iiii. / pater nostre a la honor de mosseinher / sant Gorgi, pueys .iii. vegadas, ayssi val / a my manescalcia c[aus]es la pé de Ihs Crist / a madonya sancta Maria e tota p(er)sona / que(m) dou donar vigilia a la honor de / mosseinher sant Herino;

che si può tradurre così:

> Per prima cosa, fai il segno della croce tre volte a te e all'animale una sola volta e di' quattro *Padre nostro* in onore di monsignor san Giorgio, poi [fai il segno della croce] per tre volte; questo per me ha il valore di cura per i cavalli ... la pace di Gesù Cristo, a madonna santa Maria e ogni persona che deve dedicarsi alla veglia in onore di monsignor sant'Eligio (o sant'Ermo).

Abbiamo perso una storia affascinante, ma quella vera che abbiamo ritrovato ci regala una nuova immagine dei templari. È l'unica prova dell'esistenza dei templari-maghi. Ci fa vedere che i cavalieri del Tempio erano un ordine molto vicino al mondo dei laici e quindi a pratiche religiose meno codificate. La formula templare, in cui sono presenti molte croci, cita l'Apocalisse e invoca, oltre alla Santa Trinità, Gesù Cristo, santa Maria, san Giorgio e un altro santo («mosseinher sant Herino»). Questo santo misterioso potrebbe essere sant'Eligio, vescovo di Noyon, patrono dei maniscalchi e dei veterinari e spesso invocato in altre formule di guarigione dei cavalli. Oppure sant'Ermo, cioè sant'Erasmo, protettore dei marinai. Questa seconda ipotesi è più suggestiva, perché ci fa pensare ai frati-marinai che attraversavano il Mediterraneo sulle grandi imbarcazioni dette «uscieri», specializzate nel trasporto di un gran numero di cavalli. Inoltre è anche l'ipotesi più corretta dal punto di vista paleografico, perché è assai facile scambiare le due lettere «in» con la lettera «m».

Grazie al lavoro sulla pittura dei templari di Gaetano Curzi, possiamo creare un primo elenco di chiese e cappelle templari che mostrano per immagini la devozione a san Giorgio: il santo compare nella cappella di Coulommiers, nella Brie, fondata nel

1128 da Thibaut II conte di Champagne; nella controfacciata della cappella di Cressac san Giorgio affronta il drago davanti alla principessa e fa da pendant alla figura di Costantino, che schiaccia il nemico sotto lo zoccolo del suo cavallo davanti a una fanciulla coronata che gli offre un giglio; potrebbe infine essere san Giorgio il cavaliere con la lancia che compare nella controfacciata della chiesa templare di Montsaunès, sui Pirenei francesi. La presenza di san Giorgio nell'incantamento templare ci ricorda che il suo nome compare, insieme ad altri «santi a cavallo», come san Michele e san Martino, nella lista di feste e digiuni che papa Innocenzo II diede ai templari durante il concilio di Pisa del 1135, quando presentò il nuovo ordine a centinaia di prelati provenienti dall'intera Europa; in quell'occasione, dicono gli atti, tutti percepirono la «devozione» dei «cavalieri del Tempio di Gerusalemme».

Il frate templare non poteva curare il proprio cavallo senza una precisa autorizzazione, e questa era una buona precauzione giacché secondo il medico Guy de Chauliac, che scrive nel 1368, più di cinquant'anni dopo i processi al Tempio, i cavalieri usano curare le ferite attraverso scongiuri e pozioni, basandosi sulla convinzione che Dio ha riposto il suo potere nelle parole, nelle erbe e nelle pietre.

La giornata del cavallo

Cosa ci racconterebbe un cavallo del Tempio, se potesse parlare? In tempo di pace, ci dicono gli statuti, è custodito nella stalla con tanti altri cavalli, che tuttavia non appartengono a un unico signore, ma a un'intera comunità. E già questo non è normale. Inoltre, la sua giornata è scandita dal tempo della preghiera dei frati, cioè dalle Ore. E anche questo non è tanto normale. Per i cavalieri del Tempio, infatti, il Tempo non aveva mai la «t» minuscola, ma era legato alla dimensione dell'Eterno, al *kairós*, l'occasione, il filo di Arianna che conduceva illesi fuori dal labirinto dell'esistenza. E questo filo era segnato dalla liturgia delle Ore. Per dare un'idea approssimativa di quali fossero le scansioni temporali, possiamo dire che in una giornata si susseguivano, all'alba, le lodi; alle sei, l'«ora prima»; alle nove, l'«ora terza»; a mezzogiorno, l'«ora sesta»; alle tre del pomeriggio, l'«ora nona»; al tramonto, i «vespri»; quindi «compieta» e, infine, nella notte, il «mattutino». I frati templari arrivavano nella stalla a controllare i cavalli subito dopo il mattutino, e se trovavano qualcosa da riparare o lo facevano subito oppure chiedevano allo scudiero di occuparsene, quindi tornavano a dormire. Poi i cavalli restavano nella stalla, mentre i templari seguivano in chiesa l'ora prima, poi la messa, l'ora terza e sesta; per tornare, prima di partire, a controllare di nuovo il loro equipaggiamento. Se però i cavalli si agitavano ed erano nervosi, i templari potevano alzarsi da tavola e andare nella stalla a vedere di cosa avevano bisogno. Nel pomeriggio, se il frate maniscalco stava ferrando un cavallo o un altro animale, poteva non andare in chiesa con gli altri e saltare nona e vespri. Alla fine della giornata, dopo compieta, i cavalli attendevano l'ultima visita. Il templare aveva la responsabilità del cavallo e delle cavalcature che gli venivano assegnate e se, per negligenza, il suo cavallo si feriva o moriva, il templare perdeva l'abito, la più grande punizione dopo la perdita della casa. Rischiava di perdere l'abito anche se lo prestava a qualcuno, tranne che a un confratello che avesse voglia di fare una cavalcata in città... Si sa che i cavalli dei templari giungevano in Oriente perlopiù dalle case d'Occidente, dove venivano allevati o donati per la Terra Santa.

In Italia, nella seconda metà del XII secolo, in un'ancora misteriosa «Villa Mausonii» si svolse un Capitolo templare. Una decisione presa durante questo Capitolo vieta espressamente ai templari di prestare cavalli o altre cavalcature a pellegrini o a pellegrine dirette a Roma, a San Giacomo (Santiago di Compostella), a San Nicola (di Bari) o a Sant'Egidio (nel Gard). Da ciò deduciamo che le magioni templari erano considerate come stazioni di riferimento per i pellegrini, al di qua come al di là del Mediterraneo. Il templare deve sempre rispettare il suo cavallo: se è stanco, non deve farlo correre, e se non ha un permesso specifico non deve spronarlo al galoppo. Per svagarsi, può andare al passo, cioè all'andatura più lenta del cavallo, o all'ambio, un'andatura meno veloce del galoppo. I cavalli possono anche giostrare e fare delle gare, e addirittura i templari possono scommettere su di loro oggetti di poco valore. Se un templare viene punito, non può prendere né cavallo né armi, e per di più deve condurre l'asino per tre giorni, e aiutare a caricarlo e scaricarlo, compito considerato fra i più umili della casa. E cosa accade al cavallo di un templare malato? Viene accudito da un confratello. E un templare anziano, non più in grado di combattere, cosa fa del suo cavallo? Restituisce armi e cavallo al maresciallo e ne riceve in cambio una cavalcatura docile per il suo svago. E il cavallo di un templare lebbroso? Dovrebbe essere sostituito da un asino, sempre che il frate accetti di entrare nell'ordine di San Lazzaro, l'ordine religioso-militare riservato ai cavalieri lebbrosi. Se non vuole, il cavaliere lebbroso può restare nel Tempio, ma lontano dai confratelli.

La vita del cavallo cambia radicalmente in tempo di guerra. I templari devono accudirlo con maggior cura, anche durante la notte, se necessario. Aumenta la tensione, e le regole divengono più rigide: nessun frate può chiedere un cavallo o un mulo particolare, e solo se avesse dei problemi con la cavalcatura che gli viene affidata, perché magari fa le bizze oppure lo disarciona, il frate può chiedere di cambiarla al maresciallo del Tempio, che in guerra comanda tutti gli uomini armati e che ha sotto la propria responsabilità tutti i cavalli e le armi. Se il maresciallo non gli cambia il cavallo, il templare può considerarlo malato e non è obbligato a montarlo.

Quando il convento va in cavalcata, e ciò può aver luogo sia in tempo di guerra che in tempo di pace, i frati devono attendere gli ordini del maresciallo. Anche in questo caso, la disciplina è molto rigida. Al comando del maresciallo i templari fanno sellare i cavalli, caricano l'equipaggiamento (picchetti, borracce vuote, ascia da campo e mestolo), montano in sella e cavalcano al passo o all'ambio con gli scudieri al loro seguito. Quando sono in marcia, gli scudieri e l'equipaggiamento sono davanti. Procedono in colonna. Se trovano una fonte d'acqua, quando sono in tempo di pace si possono fermare, se invece sono in guerra devono fare ciò che fa il gonfalone, che è il riferimento visivo di tutti i templari. Al grido d'allarme, i frati possono montare sui destrieri, quindi sui migliori cavalli, e prendere scudi e lance.

In guerra, il cavallo è ovviamente un grande protagonista ed è soggetto alla stessa disciplina di colui che lo cavalca. La disposizione dei templari in battaglia avviene per squadroni. Dietro ci sono gli scudieri con i cavalli e le altre cavalcature, poi il cavaliere, preceduto dagli scudieri con le lance. È essenziale non uscire dai ranghi, ed è per questo che i frati possono provare il loro cavallo, ma devono stare attenti a non fargli girare la testa verso la coda. La misura disciplinare prevista per il frate che esca dai ranghi al galoppo è quella di tornare a piedi. E tuttavia, ricordiamo che se un frate valuta, in coscienza, di essere in grado di soccorrere un cristiano in pericolo di vita, gli statuti lo autorizzano a farlo.

La guerra è un affare del maresciallo. E viene descritta dai movimenti del gonfalone, come si vede nell'affresco di San Bevignate. «Mai leziosi, di rado lavati, si presentano piuttosto con i capelli trasandati o ispidi, sporchi di polvere, la pelle scura dall'uso della corazza e dai raggi del sole». Così li vede san Bernardo di Clairvaux nel suo *Elogio della nuova cavalleria*, e mi sembra che così appaiano anche nel nostro affresco. Di norma, il gonfalone viene portato da un frate sergente, che ha una grande responsabilità perché, se lo perde o lo abbassa, toglie all'esercito il punto di riferimento e di raccolta giungendo anche a far credere a una sconfitta o a una ritirata. Tuttavia, «Quando Dio lo comanda», dicono gli statuti, è il maresciallo a impugnare il gonfalone per caricare, ricevendolo dal sottomaresciallo. Il maresciallo ha fino a dieci frati di scorta. Tra loro c'è il commendatore dei cavalieri che porta un gonfalone di riserva. Il maestro invece ha il comando dei commendatori degli squadroni. Ognuno di loro ha dieci frati con un gonfalone di scorta. «E se accadesse che la cristianità si avviasse alla sconfitta», continuano gli statuti, tutti i templari devono comunque resistere e non abbandonare il campo finché è visibile il «gonfanon baussant».

Il gonfalone «baussant» e il popolo del Tempio

Dobbiamo ai templari il primo manuale di arte militare dell'Europa medievale. Infatti sono numerosi gli articoli della regola e soprattutto degli statuti del Tempio che ci descrivono non solo l'abbigliamento, ma anche la gerarchia, le funzioni e le regole del combattimento. Grazie a virtù tipicamente monastiche, quali la disciplina, il senso dell'obbedienza, la disponibilità a combattere fino alla morte, ma anche la coscienza dell'uguaglianza nella dignità, i templari arrivarono a costituire una forza armata insuperabile. Con le debite proporzioni, potremmo affermare che i templari inventarono per molti aspetti l'esercito moderno. Il loro indiscusso valore fece sì che venissero loro affidati i ruoli dell'avanguardia o della retroguardia, in alternanza con gli ospitalieri, oggi ordine di Malta, un ordine religioso che a imitazione dei templari divenne in seguito anche militare. Tra le importanti novità introdotte dai templari nei combattimenti in Terra Santa ci fu per esempio l'importanza strategica del gonfalone. Il gonfalone «baussant» dipinto a San Bevignate ne è l'unica immagine «autorizzata», perché dipinta in una chiesa templare.

Che cos'è un gonfalone? È un'insegna militare, formata da un lembo di stoffa, rettangolare, che viene attaccato all'asta principale dal lato lungo, a differenza della bandiera che viene attaccata dal lato corto. Francesco Tommasi ci insegna che il gonfalone di San Bevignate è «troncato», con il campo superiore bianco e quello inferiore nero. La croce rossa greca campeggia nella parte bianca del vessillo. Secondo il vescovo Jacques de Vitry, invece, il gonfalone templare è «partito», cioè diviso a metà da una linea verticale che separa il nero dal bianco. Al di là di questa distinzione, resta che i colori principali dell'insegna templare sono, in egual misura, il bianco e il nero, con un posto d'onore riservato al bianco, il solo che accoglie la croce rossa. Cosa significano questi colori? Al di là delle interpretazioni simboliche, mi sembra che si debba vedere nel gonfalone la rappresentazione esatta di tutta la comunità templare, che si divide essenzialmente tra cavalieri e non cavalieri. L'abito dei cavalieri è bianco, quello dei non-cavalieri, compresi i cappellani e i sergenti a cavallo, è marrone scuro, nero o «di bigello» (colore scuro non ben definito, tra grigio e marrone). Ecco il perché del bicromismo. Ed ecco perché i frati cavalieri, con la croce rossa, sono nella parte più alta, mentre tutti gli altri occupano lo spazio inferiore. Fra i non-cavalieri troviamo, all'inizio, i frati templari che stavano nell'ordine non a vita ma solo per un certo periodo, i frati sergenti (sergenti d'arme e sergenti di mestiere), i preti (dal 1139) e le suore (benché la regola latina del 1129 vieti alle donne l'ingresso nell'ordine). Detto questo, si intravede nella regola e negli statuti una sorta di uguaglianza morale tra tutti i frati combattenti, che siano o no cavalieri. La solidarietà sul campo di battaglia tra il frate cavaliere e gli altri templari si spiega bene con la fraternità, che è il rapporto fondante di un ordine religioso, ma anche con il senso di «compagnonnage» e di «affratellamento» da cui è nato il Tempio. Alain Demurger ci fa notare che in Oriente si attenua il disprezzo del cavaliere per il fante, atteggiamento tipico dell'Occidente, sostituito dal senso di solidarietà. La novità templare conferma e perfeziona questo comportamento.

Infine, una scoperta. Il 1° ottobre 1313, il re Giacomo II d'Aragona cede alcuni beni che erano appartenuti ai templari. Fra questi c'era un gonfalone templare, descritto così: «Item unum sachetum cum quodam vexillo cindonis cum signe balsano». Che si può tradurre: «Inoltre un sacchetto con un vessillo di tessuto con il segno balzano», cioè del «baussant».

I quattro cavalli dell'Apocalisse

> E vidi, quando l'Agnello sciolse il primo dei sette sigilli, e udii il primo dei quattro esseri viventi che diceva come con voce di tuono: «Vieni». E vidi, ecco un cavallo bianco. Colui che lo cavalcava aveva un arco; gli fu data una corona ed egli uscì vittorioso per vincere ancora.

> Quando l'Agnello aprì il secondo sigillo, udii il secondo essere vivente che diceva: «Vieni». Allora uscì un altro cavallo, rosso fuoco. A colui che lo cavalcava fu dato potere di togliere la pace dalla terra e di far sì che si sgozzassero a vicenda, e gli fu consegnata una grande spada.
> Quando l'Agnello aprì il terzo sigillo, udii il terzo essere vivente che diceva: «Vieni». E vidi, ecco un cavallo nero. Colui che lo cavalcava aveva una bilancia in mano. E udii come una voce in mezzo ai quattro esseri viventi, che diceva: «Una misura di grano per un denaro, e tre misure d'orzo per un denaro! Olio e vino non siano toccati».
> Quando l'Agnello aprì il quarto sigillo, udii la voce del quarto essere vivente che diceva: «Vieni». E vidi, ecco un cavallo verde. Colui che lo cavalcava si chiamava Morte e gli inferi lo seguivano. Fu dato loro potere sopra la quarta parte della terra, per sterminare con la spada, con la fame, con la peste e con le fiere della terra. (Ap 6,1-8)

Fra gli intellettuali «europei» che nel XII secolo diedero un giudizio positivo sui templari dobbiamo citare anche Anselmo, in Brandeburgo, allievo e amico di san Norberto, fondatore dell'ordine dei canonici premonstratensi. Anselmo entrò in contatto con la Chiesa orientale: vescovo di Ravenna nel 1155, fu per due volte ambasciatore a Costantinopoli. I suoi *Dialoghi*, in cui narra la storia della Chiesa letta attraverso i segni dell'Apocalisse, furono scritti proprio a seguito delle discussioni teologiche che tenne nell'Impero bizantino. Nel primo libro dei suoi *Dialoghi* (capitolo X), Anselmo descrive una fase drammatica della storia della Chiesa, quando viene messa alla prova al di là delle sue forze dai falsi fratelli che corrispondono al quarto cavallo, di colore verde, pallido o verdastro che reca la Morte. A ciò si oppone la vitalità dei nuovi ordini (Camaldoli, Vallombrosa, Cîteaux), ma anche «una nuova istituzione religiosa sorta a Gerusalemme città di Dio». Visto che dopo l'arrivo dell'Anticristo si assisterà al ritorno di Cristo e alla discesa della Gerusalemme celeste, sembra proprio di poter dire che la nascita dei templari nella Città Santa rappresenti una primizia del futuro. Ancora una volta, è la parola «novità» ad associarsi spontaneamente all'ordine templare. Di loro, Anselmo sottolinea la laicità, il nome legato al Tempio, «milites de Templo», e l'assoluto senso dell'obbedienza e della disciplina. Il loro fine è «la difesa del glorioso Sepolcro del Signore contro l'attacco dei saraceni». Non trascura l'aspetto penitenziale, ricordando che la permanenza nell'ordine avrebbe arrecato la remissione dei peccati.

I quattro cavalli dell'Apocalisse rinviano ai quattro carri con i cavalli visti e descritti nel sesto capitolo del libro del profeta Zaccaria (6,1-15).

> Alzai ancora gli occhi per osservare, ed ecco quattro carri uscire in mezzo a due montagne e le montagne erano di bronzo. Il primo carro aveva cavalli rossi, il secondo cavalli neri, il terzo cavalli bianchi e il quarto cavalli pezzati, screziati. Domandai all'angelo che parlava con me: «Che cosa significano quelli, mio signore?». E l'angelo: «Sono i quattro venti del cielo che partono dopo essersi presentati al Signore di tutta la terra. I cavalli neri vanno verso la terra del settentrione, seguiti da quelli bianchi; i pezzati invece si dirigono verso la terra del mezzogiorno, quelli screziati escono e fremono di percorrere la terra». Egli disse loro: «Andate, percorrete la terra». Essi partirono per percorrere la terra; Poi mi chiamò e mi disse: «Ecco, quelli che vanno verso la terra del settentrione calmano il mio spirito su quella terra».

È proprio grazie al profeta Zaccaria che i templari ritroveranno il cavallo a cui avevano rinunciato. Secondo il teologo e storico francese Jacques de Vitry, che nel 1216 a Perugia fu nominato vescovo di Acri da papa Onorio III, i templari sono prefigurati nelle Sacre Scritture e quindi, per lui, presenti da sempre nella storia della salvezza. Per il grande predicatore della quinta crociata, il cavallo rosso della visione del profeta Zaccaria (6,2) è la prefigurazione dei templari: «I cavalli rossi (*equos rufos*) significano i frati della cavalleria del Tempio, che portano una croce rossa» (Sermone 37); invece i cavalli bianchi indicano i frati dell'Ospedale di San Giovanni di Gerusalemme (oggi ordine di Malta), che portano la croce bianca, i cavalli neri i frati dell'Ospedale di Santa Maria dei teutonici di Gerusalemme, che portano la croce nera, e i cavalli di diverso colore indicano i frati degli altri ordini militari, in Spagna o in Livonia e in Prussia. Tutti comunque convergono nel difendere la Chiesa contro gli infedeli. Jacques de Vitry ci spiega che «la cavalleria è l'esercito di Cristo che da Cristo è cavalcato e retto. È Cristo infatti il cavaliere e noi siamo i cavalli». Il tutto con la consapevolezza apocalittica, soggiunge Jacques, che «noi siamo coloro in cui si compirà la Fine dei secoli» (Sermone 38).

La Porta

Il 15 luglio 1099, dopo quattro anni di pellegrinaggi, costellati di visioni e contrassegnati da eventi memorabili, come il ritrovamento miracoloso della Santa Lancia che perforò il costato di Cristo, imposizioni di ordalie, ma anche i primi pogrom contro gli ebrei e il cannibalismo praticato dai misteriosi «tafuri», la Città Santa fu conquistata e il Santo Sepolcro liberato.

La prima crociata aveva catapultato a Gerusalemme una massa indistinta di cristiani perlopiù autoconvocati (come in una sorta di *rave party*) senza progetti precisi, ma con un obiettivo chiaro: raggiungere la Porta, liberare il Santo Sepolcro e attendere la nuova venuta del Cristo. Tuttavia, come detto, a dimostrazione che non si trattò di un normale atto di conquista né di colonizzazione pianificata, quasi tutti i cavalieri e i grandi della crociata, sciolto il voto di pellegrinaggio, lasciarono la Città e la Terra Santa e tornarono in Europa. Alcuni pellegrini invece, sia per mancanza di mezzi sia per scelta personale, restarono a Gerusalemme fino alla morte, nell'attesa del giorno del Giudizio e del ritorno di Cristo, che sarebbe avvenuto lì, come era scritto.

L'ingresso del Messia a Gerusalemme è profetizzato dagli ebrei con il passaggio attraverso la «Porta d'Oro», posta a oriente della Città Santa. È l'unica porta delle mura della Città Vecchia che permette l'accesso diretto al monte del Tempio. Secondo il cronista Imad ad-Din († 1201), segretario di Saladino, è la Porta della Misericordia, «per cui chi vi entra acquista il diritto di ingresso ed eterna dimora in Paradiso». Secondo il Vangelo apocrifo della *Natività di Maria*, è la porta presso la quale si incontreranno Gioacchino e Anna e dove fu annunciato pubblicamente il concepimento di Maria, la «Porta vivente» attraverso cui venne al mondo Gesù.

Passando da questa porta, detta anche «del Messia», Gesù, che proveniva dal monte degli Ulivi, entrò a Gerusalemme acclamato come il re d'Israele, il figlio di Davide, colui che viene nel nome del Signore. La festa cristiana della Domenica delle Palme apre la Settimana Santa della Passione, morte e resurrezione di Gesù, e reinterpreta la festa ebraica delle Capanne (*Sukkòth*), la festa del raccolto e della benedizione del lavoro e della fatica umana. Ancora oggi la folla agita rami frondosi e palme, li stende sulla strada e implora grazia, liberazione e salvezza (*osanna*).

Durante il tempo delle crociate, questa porta veniva aperta solennemente solo in due occasioni: la Domenica delle Palme e il giorno dell'Esaltazione della Santa Croce, per ricordare la solenne entrata a Gerusalemme dell'imperatore bizantino Eraclio, nel 628, con la preziosa reliquia della Santa Croce finalmente recuperata ai persiani.

Davanti alla Porta d'Oro, fuori dalle mura, si estende la valle di Giosafat, dove avrà luogo, secondo le profezie, la resurrezione dei morti e il giorno del Giudizio, atteso da tutte le tre religioni abramitiche: l'ebraica, la cristiana e la musulmana. Nel 1541, Solimano il Magnifico decise di chiuderla e da allora non fu più aperta.

Se Perugia fosse Gerusalemme – e vedremo che in qualche modo lo è – la Porta d'Oro si troverebbe proprio dove ora è Porta Sole e ci condurrebbe dritti dritti alla nostra San Bevignate.

II

IL LEONE

Chi sono dunque i cavalieri templari al di fuori del campo di battaglia? Se alziamo di poco lo sguardo sull'affresco, ci si presenta una scena molto particolare che ci aiuterà a completare l'identikit del templare. Siamo ancora in Terra Santa: a suggerircelo le palme, i datteri e il colore della sabbia del deserto, sparso ovunque. Malgrado sia ben leggibile solo la parte sinistra dell'affresco, i protagonisti si distinguono chiaramente. Sono un gruppo di quattro frati templari in abito bianco in un convento fortificato su cui campeggia una croce. Dal sottarco o loggiato che li ospita si sporgono verso un leone fulvo che si è arrampicato su un albero di palma, di cui addirittura riconosciamo i datteri. Il leone è giunto all'altezza dei templari.

Ci siamo interrogati a lungo sul significato della scena e un po' frettolosamente abbiamo visto in quel leone un aggressore. Sappiamo che tanti pellegrini erano attaccati dai leoni in Terra Santa e la regola stessa dei templari, pur vietando la caccia, dice esplicitamente che la caccia al leone va praticata. Ma in questo caso ci siamo sbagliati. Credo che sia stato Alain Demurger a rimetterci sulla diritta via: il leone non è affatto aggressivo, e in effetti uno dei cavalieri quasi gli tocca con la mano la zampa. Qual è il significato da dare a questa immagine? È possibile più di una lettura. Cominciamo con l'applicare lo schema dei «quattro sensi della Scrittura». Il secondo livello di interpretazione è quello allegorico. «Quid credas allegoria», recita infatti il distico del nostro Nicolas de Lyre. E cioè «l'allegoria dice ciò che bisogna credere». Nel nostro caso, l'allegoria di una battaglia materiale è senz'altro una battaglia spirituale.

In battaglia il templare affronta il nemico visibile, ma tutto sarebbe vano se non combattesse continuamente contro un altro nemico: se stesso. Ce lo dice in modo molto chiaro uno dei primi sostenitori dei templari, Guigues I de la Grande Chartreuse. Guigues, nato da una nobile famiglia, entrò nel «deserto» della Certosa e, divenutone priore, tra il 1121 e il 1127 mise per iscritto la regola e le consuetudini dell'ordine stabilite dal fondatore, san Bruno di Colonia († 1101), nel 1084. L'ordine dei certosini combinava l'esperienza eremitica con quella monastica. Il riferimento a un «deserto» ideale che Guigues viveva non in Terra Santa, ma fra le montagne pressocché inaccessibili delle Alpi a nord di Grenoble, senz'altro aiutava la comprensione del «fenomeno templare», altrettanto estremo e altrettanto nuovo. Il messaggio del priore certosino al maestro Ugo, che Guigues chiama «priore», e ai suoi confratelli templari è semplice e al contempo rigoroso. I templari non devono dimenticare che il vero combattimento è quello contro il nemico interiore; occorre che l'anima sia liberata dal male, che ciascuno abbia conquistato se stesso e che il templare conservi il dominio del suo corpo, prima di scagliarsi contro il nemico esteriore.

Ma lasciamo parlare lo stesso Guigues.

> Invano attacchiamo i nemici esteriori, se prima non abbiamo battuto i nemici interiori. E sarebbe troppo vergognoso e indegno voler comandare a un qualunque esercito, se non avremo dapprima assoggettato i nostri corpi. Chi infatti sopporterebbe che noi volessimo estendere il nostro dominio su ampi territori se poi lasciamo che la schiavitù ignominiosa dei vizi si eserciti su poche motte di terra, cioè sulle nostre carni?

Come a dire: se non avete conquistato voi stessi, anche la grande vittoria di Nablus e tutti i vostri exploits guerrieri sono da considerarsi vani, vergognosi e indegni. Questa lettera è la prova che i templari non erano frati di facciata, ma ciò che si attendeva da loro era un'impresa davvero gigantesca: vivere ogni giorno nell'unità spirituale di mente e corpo pur non potendosi separare dal mondo. Infatti, per obbedienza alla propria vocazione, i frati cavalieri non rinunciano al ruolo ottenuto nella società: i cavalieri templari facevano già parte della cavalleria prima di entrare nell'ordine. Sono dei «combattenti» a tutti gli effetti, come l'imperatore, il semplice cavaliere o il piccolo feudatario. È un'impresa davvero molto rischiosa quella di vivere «nel» mondo senza essere «del» mondo, perché la tentazione è continua, e viene dai successi come dagli insuccessi, dalle vittorie come dalle sconfitte. È questo, forse, il fascino che ancora oggi può rappresentare la spiritualità templare per un laico cristiano: accettare di vivere immerso nelle contraddizioni del mondo, confidando di mantenersi completamente obbediente, anima e corpo, pensieri e azioni, sentimenti e passioni, allo Spirito Santo. «Spirito sancto intimante» (per comando dello Spirito Santo), infatti, si erano radunati a Troyes i Padri che avevano redatto e approvato la regola del nuovo ordine religioso.

Guigues – perché sia efficace ciò che ha scritto – termina la lettera con una richiesta precisa: la sua esortazione e il suo insegnamento siano letti a tutti i templari durante il Capitolo, l'assemblea periodica dei frati. Infine, chiede ai templari di ricordare i certosini «quando pregate nei sacri luoghi affidati alla vostra custodia». Un mirabile scambio di favori spirituali dal deserto di roccia al deserto della Terra Santa.

Altri teologi intervengono in modo più scolastico sulla cifra templare del doppio combattimento, da condurre sia contro l'avversario visibile sia contro quello invisibile. Il punto di partenza, per san Bernardo, è la Lettera di san Paolo agli Efesini (6,12): «La nostra battaglia infatti non è contro la carne e il sangue, ma contro i Principati e le Potenze, contro i dominatori di questo mondo tenebroso, contro gli spiriti del male che abitano nelle regioni celesti». A differenza di Paolo, l'abate cistercense sostiene che la nuova cavalleria deve affrontare con la stessa tenacia entrambi i combattimenti, il doppio conflitto (*De laude novae militiae*, «Elogio della nuova cavalleria», 1). Da cavaliere nato in una famiglia di cavalieri, san Bernardo insiste sull'unicità e sull'alto valore di una scelta che, sebbene insolita, coniuga le due battaglie; in fondo, aggiunge Bernardo, non è raro assistere a esempi di resistenza militare al nemico e d'altra parte, cosa pur lodevole, si vede che il mondo è pieno di monaci!

Il tema della lotta contro il diavolo e le sue tentazioni è quello che affronta «Ugo il peccatore» nella *Lettera ai cavalieri di Cristo*. Per il maestro Ugo (che forse è il nostro Ugo di Payns) non ci sono affatto due battaglie, ma una sola: quella contro il diavolo e le sue tentazioni. Vincere il diavolo significa che il cavaliere di Cristo deve innanzi tutto restare fedele alla sua professione religiosa, che prevede di «portare le armi contro i nemici della fede e della pace per la difesa dei cristiani». In tempo di pace combattono la propria carne con digiuni e astinenza, e quando si insinua l'orgoglio i templari gli resistono e lo battono; in tempo di guerra combattono con le armi i nemici della pace che fanno danni o che li vogliono fare. La posizione di Ugo è molto più radicale di quella di san Bernardo, perché si basa sulla necessità che l'essere umano sia integro qualunque cosa faccia, con il corpo o con la mente. Se è unito in se stesso, non può che agire in modo conforme allo Spirito che lo abita.

Il deserto

Abbiamo visto che nel combattimento interiore il nemico è il diavolo. Ma qual è il campo di battaglia? Il deserto. Gesù fu tentato nel deserto per quaranta giorni. Questo è il modello che ispira tutte le esperienze eremitiche, maschili e femminili. Nei primi secoli del cristianesimo molti uomini e donne si ritirarono dalle città nei deserti di Egitto, Palestina e Siria. San Gerolamo († 420), Padre e Dottore della Chiesa, aveva vissuto a lungo in Oriente per studio e per penitenza, ed era un grande sostenitore dell'ascesi dei Padri e delle Madri del deserto, al punto che fondò vari monasteri a Betlemme e scrisse la biografia di alcuni anacoreti. Gerolamo si dedicò inoltre alla prima traduzione latina della Bibbia, che divenne il testo di riferimento per tutto il Medioevo e molto oltre con il nome di «Vulgata».

Mi chiederete cosa c'entri san Gerolamo con San Bevignate e i templari. Ebbene, fin dal 1243 i templari perugini disponevano di una precettoria formata da due entità distinte: San Giustino d'Arna e, proprio nella zona di Porta Sole, San Gerolamo. Tra il 1256 e il 1283 San Gerolamo fu sostituita dalla nuova chiesa di San Bevignate che, di conseguenza, doveva mantenere sotto qualche aspetto il culto per il santo frequentatore dei deserti di Terra Santa. E il legame non poteva essere proprio il nostro leone?

Vediamo cosa ci racconta a questo proposito l'arcivescovo di Genova, Iacopo da Varazze († 1298), nella sua celebre *Leggenda aurea*, una delle opere più lette e conosciute del tempo che l'autore cominciò a scrivere nel 1260. Il giorno della festa di san Gerolamo, il 30 settembre, leggiamo che verso sera

> ... un leone entrò nel monastero zoppicando. Appena lo videro, i suoi confratelli fuggirono, ma Gerolamo andò davanti a lui come l'avrebbe fatto per un visitatore. Il leone gli mostrò che era ferito al piede e Gerolamo chiamò i frati ordinando loro di lavare i piedi del leone e di cercare con attenzione la ferita. Si scoprì che dei rovi gli avevano ferito la pianta dei piedi. Fu medicato con ogni cura e, guarito, rimase con la comunità come fosse un animale domestico.

Questo celebre episodio ha fatto sì che il leone divenisse nell'iconografia l'animale che faceva coppia con san Gerolamo, come il maiale con sant'Antonio o il drago con san Giorgio. Alla luce di queste informazioni, alcuni storici come Alain Demurger hanno visto nell'affresco una rappresentazione dell'episodio occorso a Gerolamo nel deserto della Palestina. Solo che quei monaci che stavano nel deserto nel frattempo erano divenuti templari, come testimonia la croce posta sulla torre del loro convento fortificato. Sono d'accordo con Chiara Frugoni quando, a proposito del leone, suggerisce: «Mi sembra che sia da escludere l'idea che rappresenti i saraceni, visto che proprio sotto c'è una battaglia con uomini in carne e ossa». Questo leone, infatti, indica «la bestia», la parte animale di sé che l'uomo deve saper domare per poterne utilizzare la potente energia naturale. Quando il santo ha domato il «suo» animale, riesce a domare anche l'animale reale, che si incarnò in un leone per Gerolamo, e in un lupo per san Francesco, nella vicinissima Gubbio, qualche decennio prima.

I templari conoscevano queste storie? Sì, le leggevano e anzi le avevano anche tradotte dal latino in volgare. Andando a curiosare tra gli scaffali delle biblioteche templari, troviamo una traduzione in anglo-normanno delle *Vite dei Padri* dedicata al templare Henri d'Arci, della precettoria di Temple Bruer, nel Lincolnshire. Si tratta di una raccolta agiografica di grande successo che narra le vite e i detti dei Padri del deserto, dei monaci, degli anacoreti, degli eremiti, uomini e donne. Raccoglievano, in sostanza, il fiore della spiritualità del deserto, quella a cui i templari si sentivano più vicini. Accanto a questo troviamo un altro testo templare interessante, che peraltro era già contenuto nelle *Vite*: la *Vita di santa Taide*, la peccatrice redenta.

Taide era una prostituta di lusso egiziana, potremmo dire una escort dei nostri tempi. L'anacoreta Paffluzio giunse in città dal deserto della Tebaide e, fingendo di essere un cliente, entrò da lei. Le mostrò del denaro chiedendole però di recarsi in una stanza dove nessuno avrebbe potuto vederlo. Allora Taide gli disse: «Se Lei teme Dio, non c'è luogo che sia nascosto a Lui». L'abate Paffluzio le domandò perché, sapendo di Dio e del suo regno, e dei tormenti che l'attendevano, non si pentiva. La donna chiese tre ore di tempo, quindi fece un pubblico rogo di tutto quello che le era stato donato, e infine si rinchiuse in una piccola cella di un monastero femminile da cui non uscì per tre anni. Mangiava pane e acqua, e ripeteva incessantemente, rivolta a Oriente: «Voi che mi avete fatto, abbiate pietà di me». Paffluzio, mosso a compassione, si recò dall'abate Antonio per sapere se Dio l'avesse perdonata. Il santo abate chiese a tutti i discepoli di pregare e vegliare tutta la notte. Paolo, il principale discepolo dell'abate, ebbe allora una visione: un grande letto nel cielo, ricoperto di stoffe preziose e guardato da tre vergini, la Paura delle pene future, la Vergogna per i peccati commessi e l'Amore della giustizia. Poi sentì una voce che gli assicurava che una simile grazia era destinata alla peccatrice Taide. San Paffluzio, confortato dalla notizia, andò subito da Taide a comunicarle che Dio l'aveva perdonata.

Se torniamo a San Bevignate, scopriamo un'altra figura di donna che in un primo tempo era stata prostituta in città e poi era divenuta un modello di ascesi e penitenza nel deserto: Maria Maddalena. Sulla sinistra della cella absidale troviamo infatti una versione eremitica della santa, vestita dei soli capelli rossi che le arrivano fino ai piedi. Quarant'anni prima il pittore locale Bonamico l'aveva interpretata nello stesso modo nella chiesa di San Prospero, sempre a Perugia. Secondo Gaetano Curzi, chi dipinse la Maddalena di San Bevignate può essere lo stesso che affrescò la parte alta della controfacciata. Il culto di Maria Maddalena da parte dei templari è variamente testimoniato: possedevano sue reliquie e il suo nome era nell'elenco dei santi che dovevano festeggiare. Una lista che papa Innocenzo II aveva preparato per loro in occasione del concilio di Pisa del 1135.

La Maddalena penitente è una donna del deserto venerata dai templari. Ci fa pensare alle prime «sorelle» del Tempio, le suore che all'inizio condivisero alla pari il sogno templare, ma che dal 1129 non trovarono più spazio nella nuova istituzione religiosa. Ci furono delle eccezioni, lo sappiamo, come quella di suor Ermengarda precettrice della commenda doppia, cioè maschile e femminile, di Rourell, presso Tarragona, ma le presenze femminili nella storia del Tempio restarono comunque episodi isolati. La Maddalena templare di San Bevignate non è un caso unico, ma è segnale di una vasta presenza femminile di tipo eremitico che risuona in tutta la zona: per esempio Monteluce e Fontenovo. Come rileva Giovanna Casagrande, tutto quel territorio rivolto a Oriente e ad Assisi aveva idealmente ricreato accanto alla città di Perugia e attorno alla chiesa di San Bevignate il deserto della Terra Santa. I templari ne erano ancora i custodi.

San Bevignate, il santo misterioso: novità in diretta

La grande chiesa templare al centro di un pullulare di istituzioni religiose e di fermenti laicali era dedicata a un santo: Bevignate. Ma chi era costui? Se osserviamo gli affreschi della parete centrale dell'abside, in basso a destra, notiamo un santo vescovo, con la mitria, i paramenti e il bastone pastorale, che benedice Bevignate; tra i due, un rotolo dispiegato in verticale su cui si legge: «Sanctus Benvegnate in suo reclusorio per octo...». Cosa ci dicono queste parole? Intanto che Bevignate era santo, come confermato anche dall'aureola. Inoltre che era un «recluso», cioè che si era chiuso volontariamente in una cella. C'è poi il numero otto, a indicare, probabilmente, che non restò recluso per sempre, ma per un periodo di tempo preciso: di otto anni? o di ottant'anni? Non lo possiamo sapere. Infine, l'immagine ci suggerisce che la sua vita di penitente fu riconosciuta dall'istituzione ecclesiastica: il vescovo ne è testimone. È importante, perché serviva ad allontanare ogni possibile accusa da Bevignate e, quindi, dai templari che lo avevano sostenuto. In quegli anni vicini al 1260, che secondo i seguaci di Gioacchino da Fiore avrebbe segnato l'avvento dell'era dello Spirito, ogni esperienza religiosa riconducibile a un radicalismo spirituale, se non avallata da un vescovo, rischiava di essere perseguitata.

Detto ciò, l'affresco non ci dice neppure in che epoca sia vissuto. In effetti, se cerchiamo notizie su di lui, scopriamo che Bevignate ha fatto di tutto per nascondersi sia dagli onori dell'altare sia dalla pubblica venerazione. Viene menzionato la prima volta nel 1256, in una lettera che il potente templare Bonvicino scrisse al comune di Perugia circa la costruzione della chiesa «Sancti Benvegnati». Nel 1260 lo stesso frate Bonvicino, appoggiato dal comune e dal vescovo, chiede a papa Alessandro IV di aprire un'inchiesta sulla vita e suoi meriti «beati Benvignatis». Nel 1266 e nel 1267 i «frati di san Bevignate», cioè i templari, rinnovano la richiesta al papa, senza esito. Nel 1277 sembra che sia giunto il momento tanto desiderato: il pontefice si trova a Viterbo insieme con il maestro del Tempio Guillaume de Beaujeu. Subito il comune di Perugia manda un'ambasciata a papa Giovanni XXI per chiedere la canonizzazione di Bevignate. Purtroppo il papa muore e non se ne farà nulla. Poco dopo, comincia la triste parabola discendente dell'ordine. Nel 1291 il maestro Guillaume de Beaujeu cadde eroicamente durante la battaglia di Acri, che segnò di fatto la fine degli Stati latini d'Oriente. Secondo la *Cronaca del Templare di Tiro,* il maestro fu colpito a morte da un giavellotto e rispose a gran voce ai crociati che avevano creduto che se ne stesse andando via: «Signori, non posso più perché sto morendo! Guardate il colpo». Detto questo si strappò il dardo e fu portato dai suoi al Tempio di Acri, dove morì. Le successive tragiche vicende dell'ordine, l'arresto dei templari del regno di Francia nel 1307, tutti i processi che i templari subirono in Europa e infine la soppressione dell'ordine nel 1312, lasciarono per sempre in disparte la questione della canonizzazione di Bevignate.

Malgrado ciò, la chiesa perugina veniva già utilizzata dai templari e nei primi anni Ottanta del Duecento fu probabilmente consacrata o riconsacrata. Ma la venerazione a Bevignate non si interruppe mai, anche nei secoli successivi. Il popolo perugino continuava a venerarlo, e così il comune, visto che neppure i potenti templari erano riusciti a farlo dichiarare santo, decise di occuparsene a modo suo. Il 14 maggio, giorno della morte di Bevignate, era considerato festivo per alcune istituzioni cittadine già negli statuti del 1342-1343. Ma nel 1453 il comune di Perugia per delibera comunale decise di proclamare santo Bevignate «che secondo la sua Leggenda nacque e crebbe nel nostro contado e nella nostra città condusse una vita pia e degna di lode. Benché non faccia parte del catalogo dei santi, tuttavia dalla santità della sua vita e dalla frequenza dei miracoli che per i suoi meriti la divina bontà rese numerosi ed evidentissimi sia in vita che in morte, non si deve dubitare che si trovi in quella gloria superna e nel numero dei santi». E così il 14 maggio, da quell'anno, divenne festa cittadina. Bisogna però attendere addirittura il 1609 perché la Chiesa riconosca la santità di Bevignate. In quell'occasione i corpi di sant'Ercolano, san Pietro abate e san Bevignate furono traslati con una solenne processione. E finalmente, ma solo nel Seicento, san Bevignate ebbe anche una sua «Vita», raccontata da Ludovico Iacobilli: divenne un soldato romano del V secolo, convertito e penitente, che si fa eremita in un bosco (la foresta è l'equivalente occidentale del deserto) presso Perugia, aiuta i poveri facendo maturare olive e grano, libera dal carcere due innocenti e resuscita un bambino ucciso dal lupo.

È stata letta una traccia medievale della sua leggenda negli affreschi della chiesa templare, sulla lunetta dell'arco trionfale, a sinistra, dove, in un riquadro, un lupo sta per divorare una persona. Ma chi può escludere che Iacobilli abbia scritto di quel miracolo proprio per aver visto l'affresco duecentesco di San Bevignate? Ammesso e non concesso che la vittima del lupo dipinta nell'affresco perugino fosse proprio un bambino... Oppure Bevignate – questa è l'ipotesi oggi più convincente – fu un eremita del XIII secolo che viveva nella zona di Monteluce - Porta Sole, dove poi sarebbe stata costruita la chiesa in suo onore. In quest'ultimo caso, i templari avrebbero potuto ospitarlo sui loro terreni. Chiara Frugoni ci propone di osservare l'abito bianco con il cappuccio di Bevignate e di confrontarlo con quello dei templari raffigurati sulla controfacciata: sono identici. Bevignate – è la sua proposta – poteva esser stato un templare. Aggiungo io che sia Bevignate sia i templari portano la barba, e vedremo più avanti quale fosse l'importanza e il significato di questo attributo. Aggiungo inoltre che, se così fosse, san Bevignate sarebbe il primo e unico santo templare, giacché la Chiesa non ha mai canonizzato un membro dell'ordine dei frati-cavalieri.

Ma, oltre alle insistenti richieste di canonizzazione fatte al papa da parte dei templari e del comune di Perugia, ci sono altri documenti che attestano un legame tra il misterioso Bevignate e l'ordine dei cavalieri rossocrociati? Finora ne avevamo una sola traccia, scoperta dall'amica e collega Cristina Dondi, studiosa delle liturgie degli ordini religioso-militari. Si trova in uno dei rari manoscritti templari giunti fino a noi, che fu composto a Piacenza e che poi finì ai templari di Modena (Modena, Biblioteca capitolare o.ii.13). Il codice è un «sacramentario», cioè un libro liturgico che contiene le preghiere riservate al sacerdote nella celebrazione della messa e dei sacramenti. All'inizio c'è un obituario, cioè un calendario che segnala il giorno della morte di tredici maestri templari. Se leggiamo il foglio che corrisponde al mese di maggio, al giorno 12, notiamo una frase: «s. Benvegnati hic est reliquie», e cioè: «San Bevignate. Qui ci sono le reliquie». Cosa vuol dire? Che abbiamo una prova dell'esistenza di san Bevignate per i templari che si trovavano al di fuori del cerchio che comprendeva Perugia, i templari e la corte papale. Il culto di san Bevignate era giunto, a quanto pare, anche in Emilia, tra Piacenza e Modena.

E qui ci troviamo di fronte a un piccolo scoop. Stavo rileggendo gli inventari dei beni templari confiscati da Giacomo II d'Aragona durante i lunghi processi intentati in tutta Europa contro il Tempio. Uno riguarda i beni trovati nell'imponente castello di Peñiscola, nel regno di Valenza. Nel documento, datato 22 aprile 1311, trovo questa frase: «unum estoig argenteum factum ad modum mosquete corrigie in quo sunt reliquie sancti Benvenyat de Pisa», che, grazie all'aiuto dell'amica e collega Laura Minervini, riesco a tradurre così: «Una cassetta d'argento con la forma di un astuccio con una fibbia con ornamentazioni floreali in cui si trovano le reliquie di san Bevignate di Pisa». Confesso di aver avuto un piccolo tuffo al cuore: non mi aspettavo certo di trovare le reliquie di san Bevignate dall'altra parte del Mediterraneo! C'è solo un ultimo punto da chiarire: quel Bevignate «di Pisa» e non «di Perugia». Come lo si spiega? Possiamo pensare a un errore di trascrizione del manoscritto che si trova a Barcellona nell'archivio della Corona. Oppure che il redattore dell'inventario possa aver abbreviato «Perusia» in «Pisa», come accade oggi per il linguaggio abbreviato degli sms, in cui «cmq» significa «comunque» o «x» significa «per». Oppure potrebbe aver scambiato la più conosciuta Pisa, città marinara attiva e ben presente nel Mediterraneo, con la meno famosa e distante Perugia.

Avevo appena terminato la prima stesura del libro, quando l'amico e collega catalano Joan Fuguet, storico dell'arte e dell'architettura templare, mi fa avere, fresco di stampa, il suo ultimo lavoro sui templari, scritto con Carme Plaza, in cui riprende proprio l'inventario di Peñiscola e cita le reliquie del nostro san Bevignate. Come vedete, le idee e le informazioni continuano a circolare e la figura di san Bevignate sta prendendo forma: il suo corpo è a Perugia, ma si trovano sue reliquie sia nella vicina Emilia sia nel grande e lontano castello di Peñiscola, che il re Giacomo d'Aragona affidò ai templari nel 1294. E si sta configurando una biografia tutta interna all'ordine templare. Ciò avvalora la tesi di Chiara Frugoni che vede in Bevignate un membro dell'ordine, per la precisione un templare eremita.

Come ho già avuto occasione di dire, in origine i templari dovettero rinunciare a ogni aspirazione ascetica eremitica. Eppure quella tentazione doveva essere per loro molto forte, perché la figura dell'eremita santo era all'orizzonte di ogni cavaliere che aspirasse alla penitenza e alla santità. Numerosi erano gli eremiti che accompagnarono fino all'ultimo le varie spedizioni per la conquista di Gerusalemme. Su un fronte diverso, quello della letteratura, basta sfogliare i romanzi del ciclo del Graal per vedere come fosse stretto e indispensabile il legame tra l'eremita e il cavaliere. Eppure la via assoluta dell'eremita non era indenne da rischi: l'eremita era un laico, spesso incolto, e la sua vocazione escatologica poteva condurlo alla santità, ma anche all'eresia o al fanatismo. I templari invece, come abbiamo visto, inventarono una strada davvero nuova e originale. Gli affreschi di San Bevignate ci regalano, dunque, a metà del XIII secolo, un ritorno dei frati cavalieri all'antica aspirazione, che spiegherebbe l'insistenza con cui frate Bonvicino e gli altri chiesero la canonizzazione del loro eremita: san Bevignate.

Chi creò il collegamento tra Perugia e il regno di Valenza? È presto per dirlo, ma certo vanno seguite le tracce di alcuni templari che appartengono alla famiglia piemontese dei Canelli, imparentata con gli aragonesi per via della moglie di re Pietro III d'Aragona, Costanza di Sicilia, figlia di re Manfredi e nipote di Bianca Lancia, imparentata ai nobili piemontesi da Canelli, attivi alla corte del re svevo. Frate Alberto da Canelli, che nel 1281 era commendatore dei templari proprio a Valenza, nel 1262 era maestro del Tempio in Sicilia, e un altro era a Perugia nel 1304 come «ostiario», letteralmente portinaio, custode della porta, di papa Benedetto XI.

Non ho potuto approfondire le implicazioni che può avere questo ritrovamento per la storia dei rapporti fra san Bevignate e i templari, ma si tratta certamente di una scoperta che accende una grande luce «nell'oscurità totale», quella che secondo Ugolino Nicolini avvolge la figura del santo perugino.

1260

Quando verrà la Fine dei tempi? Nel Duecento, molti erano convinti che il momento che la cristianità attendeva fin dai suoi albori, e che prima ancora era atteso dagli ebrei, sarebbe finalmente giunto nel 1260. L'arrivo dell'Anticristo, quindi il Giudizio universale e infine il regno dei Cieli. Perché proprio nel 1260?

Il profeta Daniele, in due occasioni, ci parla di una misura misteriosa (7,25 e 12,7): «Un tempo, più tempi e la metà di un tempo». Nel primo passaggio quel tempo designa la durata in cui i santi saranno nelle mani di un temibile avversario, emanazione della quarta bestia vista da Daniele. Dopo si terrà il Giudizio e l'avversario verrà completamente distrutto. Quindi il regno verrà dato ai santi dell'Altissimo. Nel secondo passaggio, sotto la protezione del gran principe Michele, ci sarà il Giudizio universale, ma quando si compiranno queste cose meravigliose? «Udii l'uomo vestito di lino, che era sulle acque del fiume, il quale, alzate la destra e la sinistra al cielo, giurò per Colui che vive in eterno che tutte queste cose si sarebbero compiute fra un tempo, tempi e la metà di un tempo, quando sarebbe finito colui che dissipa le forze del popolo santo».

Nell'Apocalisse, una misura simile è citata una sola volta (12,14): «Ma furono date alla donna le due ali della grande aquila, per volare nel deserto verso il rifugio preparato per lei per esservi nutrita per un tempo, due tempi e la metà di un tempo lontano dal serpente». Giovanni stesso fornisce una chiave per interpretare questa durata, infatti poco prima aveva scritto (12,6): «La donna invece fuggì nel deserto, ove Dio le aveva preparato un rifugio perché vi fosse nutrita per milleduecentosessanta giorni». Quindi per Giovanni «un tempo, due tempi e la metà di un tempo» corrispondono a 1260 giorni.

Dura 1260 giorni anche la missione dei due Testimoni (11,3): «Ma farò in modo che i miei due Testimoni, vestiti di sacco, compiano la loro missione di profeti per milleduecentosessanta giorni».

Jean Flori, illustre specialista delle crociate e della cavalleria, dedica alcuni suoi lavori al tema della Fine del mondo nel Medioevo e ci descrive con la sua consueta chiarezza le visioni di Gioacchino da Fiore, per il quale i 1260 giorni o i 42 mesi o «un tempo, due tempi e la metà di un tempo» di Daniele e Giovanni corrispondono esattamente a 1260 anni. Infatti, per l'abate calabrese un giorno profetico corrisponde a un anno reale, come i 42 mesi biblici corrispondono a 42 generazioni di 30 anni.

Secondo Gioacchino, la storia è divisa in tre periodi: l'età del Padre e della legge, l'età del Figlio e della grazia, e l'età dello Spirito, del nuovo monachesimo. Il 1260 è quindi l'anno che segna il Tempo della Fine e l'arrivo dell'età dello Spirito. Al limitare tra la seconda e la terza età c'è il tempo presente, che conoscerà l'avvento dell'Anticristo, un breve periodo di grandi tribolazioni, e la conversione degli ebrei e degli infedeli, in cui si videro in seguito i musulmani. Il tempo presente corrisponde anche al sesto periodo della storia, cioè al penultimo.

Il movimento francescano si identificò presto con i nuovi «monaci» annunciati da Gioacchino e attribuì a Francesco, canonizzato nel 1228, il ruolo dell'angelo che apre il sesto sigillo dell'Apocalisse.

Quello che però ancora non era stato notato è che, per Gioacchino, anche i templari hanno un posto preciso nella sua storia profetica della salvezza. Nel suo *Commento all'Apocalisse*, l'abate florense, parlando delle chiese giovannee di Filadelfia e di Laodicea, dice che appartengono al sesto tempo anche «quei religiosi laici che si chiamano alcuni templari e altri ospitalieri» e che si trovano nella regione di Gerusalemme. Nel *De concordia Novi et Veteris Testamenti*, Gioacchino precisa che, nel sesto periodo, corrispondente al sesto giorno della creazione e al sesto angelo dell'Apocalisse, Dio aveva creato l'ordine del Tempio come un nuovo tipo di ordine religioso «in cui i laici indirizzano le loro capacità e competenze per un certo tempo per una causa santa».

I templari cominciarono la costruzione di San Bevignate proprio quattro anni prima del 1260 e affrontarono direttamente il tema degli ultimi giorni. Ce lo conferma la *Lezenda de fra Rainero Faxano*, che tra l'altro rinvigorisce lo scarno curriculum del nostro Bevignate. Secondo questo racconto, mentre Raniero «si dava la disciplina» (cioè si flagellava) e osservava commosso un'immagine della Madonna che piangeva, san Bevignate bussò alla sua porta e si stupì di non essere riconosciuto, visto che per dieci anni avevano vissuto insieme. Bevignate era in compagnia dei santi Gerolamo, Fiorenzo, Cesario e Ciriaco. Si avviarono alla chiesa di san Fiorenzo (in effetti, nel quartiere di Porta Sole c'è un'antica chiesa di San Fiorenzo) e si disciplinarono. La notte seguente Raniero, tra il Crocifisso e la Madonna, vide due fanciulli (Gabriele e Michele) e una fanciulla (Maria) che gli consegnarono una lettera. L'apparizione di san Bevignate gli permise di comprendere il messaggio divino contenuto: il giorno del Giudizio si sta avvicinando, ma grazie all'intercessione della Madonna gli uomini hanno ancora il tempo di pentirsi. Bisognava però che il vescovo di Perugia leggesse pubblicamente la lettera. Durante una messa solenne, la lettera venne posta sull'altare e letta: tutti si dovevano pentire pubblicamente. E così, continua la *Lezenda*, «molti, denudatisi, iniziarono con fra Raniero a flagellarsi e con l'aiuto della grazia divina già al secondo giorno non vi era in Perugia persona che nudo non si flagellasse. E tutti coloro che si odiavano fecero pace. In tal modo, come ben si sa, questa forma di disciplina penitenziale si propagò per tutto il mondo cristiano».

Non sappiamo quando, né da chi fu composta questa leggenda, però possiamo notare che, a parte san Gerolamo che in qualche modo era il codedicatario della Chiesa, molti personaggi del racconto sono presenti negli affreschi dell'abside quadrata di San Bevignate. Partiamo dalla parete di fondo, e dal registro più in basso: al centro, sotto la bifora che accoglie la luce dall'Oriente, troviamo il Cristo crocifisso con Maria, in un riquadro a sinistra della croce, e san Giovanni, in un riquadro a destra. Ai lati della crocifissione con Maria e Giovanni, in due quadri purtroppo molto frammentari, abbiamo due scene che dovevano rappresentare la vita di san Bevignate. In entrambe si riconosce la presenza di un vescovo. Ma in un caso rimane soltanto la testa, mentre nel riquadro di destra, il vescovo benedice san Bevignate e tra di loro abbiamo il rotolo verticale con lo scritto, parzialmente leggibile, che allude come detto al «reclusorio», al «carcere», alla vita penitenziale del santo perugino.

Passiamo ora alla parete di destra del coro, ma continuiamo a leggere lo stesso registro, quello più in basso: da destra a sinistra procedono i flagellanti, a torso nudo, guidati da una figura che Pietro Scarpellini ha identificato proprio con il religioso laico Raniero Fasani, sposato e padre di famiglia, fondatore nel 1260 a Perugia del movimento pubblico penitenziale dei flagellanti o dei disciplinati, che riscosse uno straordinario e rapidissimo successo. Si vede bene il *flagellum*, composto solitamente di strisce di cuoio, che Raniero tiene nella mano sinistra, mentre, secondo Scarpellini, con la destra avrebbe tenuto alto lo stendardo della flagellazione di Cristo. Anche Raniero ha la barba, ma fra i suoi discepoli, alcuni ce l'hanno, altri no. Prima di proseguire, ricordo che proprio nella parete di fronte compare la penitente

Maddalena, vestita dei soli capelli rosso sangue che le giungono fino ai piedi. In entrambe le immagini il corpo del penitente laico è nudo, come nudo è Cristo flagellato e crocifisso. Abbiamo visto che il vessillo di Raniero non è il solo stendardo che si innalza nella chiesa di San Bevignate: spicca sulla controfacciata il gonfalone «baussant» dei cavalieri templari.

Gli affreschi dell'abside, benché frammentari, ci hanno per ora mostrato numerosi personaggi della *Lezenda*: Raniero Fasani, Bevignate, il vescovo, il Crocifisso e la Madonna. Addirittura nella Leggenda abbiamo una lettera di origine divina che viene letta dal vescovo, e nell'affresco c'è un lungo rotolo scritto che separa la figura del vescovo da quella di san Bevignate. Tuttavia, il pezzo forte della *Lezenda* è senz'altro il Giudizio finale. L'attesa escatologica sta per finire e non a caso la parete di destra del coro, sopra la processione dei disciplinati guidata da Raniero, è interamente dedicata a questa grandiosa immagine, che è decisiva per i templari, per i flagellanti, per tutti: il giorno del Giudizio. Il Cristo in trono tiene le braccia aperte, e si individuano i segni dei chiodi al centro del palmo delle mani e la ferita al costato. È circondato nella fascia più alta dagli apostoli, in quella inferiore da angeli che suonano vari strumenti musicali e, posti in un riquadro, da alcuni simboli della Passione (la corona di spine, la lancia e il bastone con la spugna imbevuta di aceto). Gli eletti, in vesti bianche, guardano al Cristo sollevando le braccia, e sotto di loro c'è una teoria di corpi nudi dei risorti, beati o dannati, che escono dalle loro tombe scoperchiate.

Nella *Lezenda* di fra Raniero il Giudizio viene annunciato come imminente. Solo per intercessione di Maria, l'umanità avrà ancora il tempo di pentirsi, ma perché ciò accada, l'intervento divino deve essere sancito dal vescovo e ricevere un pubblico riconoscimento. Il fatto straordinario è che questa urgenza escatologica, invece di restare affidata alla letteratura devozionale, si concretizza in una scelta pubblica. Il comune di Perugia offre il suo appoggio a questo moto religioso cittadino, facendolo uscire dalla ben nota devozione privata o monastica dell'autoflagellazione, particolarmente diffusa tra l'altro in ambito francescano. André Vauchez, storico della santità e della spiritualità dei laici, nota che da almeno trent'anni nell'Italia centrale e settentrionale la pietà popolare tentava di appropriarsi di pratiche clericali o monastiche. Il 4 maggio 1260, giorno della festa di san Fiorenzo, il consiglio comunale proclama quindici giorni di astensione dal lavoro per la «devozione pubblica», che avviene in città su proposta di alcuni religiosi e in particolare di fra Raniero. Con questo atto il comune di Perugia «consacra» il movimento dei flagellanti del religioso laico Raniero Fasani. Come abbiamo visto, a metà del XV secolo sarà ancora una volta il comune a intervenire con delibera comunale nel sostenere la santità del religioso laico Bevignate.

Sembra di poter dire che, almeno per Perugia, la Fine dei tempi sia da collegare all'esito dell'azione di Raniero Fasani aiutato da san Bevignate e quindi dai templari. Il rapporto del Fasani con i templari era anche di contiguità fisica. Infatti Raniero nel 1262 affittò dai canonici un piccolo casale nella zona di Porta Sole con una clausola: non poteva costruirvi un oratorio né una chiesa. Nel corso degli anni le clarisse di Monteluce e altre istituzioni religiose della zona gli ricordarono più volte questa clausola, e addirittura nel 1266 l'abate di San Pietro giunse a sostenere che «un certo fra Raniero Fasani aveva costruito un edificio che intendeva trasformare in oratorio». Ciò avveniva proprio nella stessa zona e nello stesso tempo in cui i templari stavano costruendo e affrescando San Bevignate. A Chiara Frugoni sembra possibile che Raniero «si sia annessa l'idea della visione di Bevignate per avere più potere in città, dicendosi amico di Bevignate», come mi scrive in una mail. Indubbiamente, tra Raniero Fasani e i templari si sviluppò un'alleanza, motivata a mio parere innanzitutto dalla rivendicata spiritualità laica dell'ordine del Tempio, pronto ancora una volta a sostenere espressioni profonde di religiosità popolare, in Oriente come in Europa.

Il carattere pronunciatamente laico della *Lezenda* è rivelato anche dalla presenza della «lettera caduta dal cielo». La prima lettera celeste di cui siamo a conoscenza è la cosiddetta «Lettera della Domenica», che sarebbe stata scritta da Gesù con lettere d'oro o di sangue e sarebbe discesa dal cielo o portata dall'arcangelo Michele a Gerusalemme o a Roma circondata da una grande luce. Venne condannata dalla Chiesa nell'VIII secolo e dallo stesso Carlo Magno. La *Lezenda* di Fasani ci parla di tre latori, Michele, ma anche Gabriele e Maria, mostrando così di voler accentuare il ruolo mariano. Si tratta di lettere estremamente diffuse soprattutto nel popolo con formule, scongiuri e preghiere. Avevano valore magico di amuleti e spesso i soldati le portavano addosso per proteggersi dal nemico. Altre «lettere cadute dal cielo» sono invece presenti in opere del primo cristianesimo, come il *Pastore di Erma*, e in testi successivi. Nel caso dell'opera in versi *Giuseppe d'Arimatea* (XII-XIII secolo), di Robert de Boron, che si definisce un cavaliere originario di Montbéliard, la «lettera caduta dal cielo» è assimilata al Graal di cui rivela i segreti. Nel nostro caso, la forma della «lettera» appartiene alla religiosità popolare, ma il contenuto è esclusivamente spirituale e non è magico né taumaturgico. Un'altra caratteristica della lettera di Raniero è che essa fa parte di una visione, genere quest'ultimo che rientra in quello profetico-apocalittico.

Anche la vicenda del predicatore Pietro l'eremita, che prende spessore nell'opera dello storico Jean Flori, parte da una lettera e da un sogno. Pietro andò in pellegrinaggio a Gerusalemme e lì, dopo essere scampato a molti pericoli, incontrò il patriarca Simeone, che gli manifestò la necessità di ottenere rinforzi per i suoi correligionari e per i cristiani d'Oriente, e preparò per lui una lettera da portare al papa in Europa. Pietro si addormentò la notte nella chiesa del Santo Sepolcro e in sogno gli apparve Gesù, il quale lo esortò a portare a termine la sua missione. La vicenda di Pietro l'eremita che accompagnerà i pellegrini crociati fino alla presa di Gerusalemme del 1099 si intreccia con quella dell'appello che il papa cluniacense Urbano II fece alla folla riunita a Clermont, il 25 novembre 1095: un papa e un eremita volti a Gerusalemme.

A Perugia, in attesa del 1260, i frati templari, un eremita e un laico costruivano un'intera comunità di ispirazione escatologica che presto coinvolse il vescovo, il comune e tutta la città. Forse non era una nuova Gerusalemme, ma senz'altro aspirava a diventarlo.

I templari e il bianco mantello

Dopo l'assemblea di Nablus, nel 1120, i cavalieri raccolti attorno al primo maestro Ugo di Payns (il titolo di «gran maestro» si diffuse successivamente e non in modo sistematico) restano «in habitu seculari». Ciò significa che usano i loro vestiti o quelli che la gente dona loro. Nessuno quindi avrebbe potuto distinguerli da altri cavalieri. Ce lo riferisce l'arcivescovo di Tiro, Guglielmo. Il vescovo Anselmo di Havelberg tiene a farci sapere che i templari sono religiosi laici, che rifiutano di portare abiti superflui e lussuosi. Anche san Bernardo nel suo *Elogio della nuova cavalleria* insiste sul fatto che i frati cavalieri indossano ciò che viene dato loro, in spirito di obbedienza. L'abate cistercense sembra voler dire che i veri cavalieri non si devono certo occupare di come sono vestiti. Ugo, nella sua *Lettera ai cavalieri di Cristo*, afferma con decisione che presso Dio non contano né la posizione sociale né l'abito. Il concilio di Troyes, invece, stabilisce delle norme precise anche riguardo all'abito: è da quel momento che il templare assume l'aspetto del cavaliere biancovestito con cui lo conosciamo ancora oggi e che ci viene mirabilmente proposto nell'affresco di San Bevignate. I Padri conciliari ribadiscono che la vera armatura è quella dell'obbedienza, occorre però che anche l'abito «faccia il monaco» e quindi sia testimone della nuova condizione: il templare non è più un semplice religioso laico, ma un *frater* a tutti gli effetti.

Un tempo, ci dice la regola, anche i sergenti e gli scudieri portavano l'abito bianco, ma presto insorsero dei problemi. Infatti in Europa alcuni indossarono il bianco mantello fingendosi templari, mentre non erano che «pseudofrati», persone sposate o altre che non avevano affatto abbandonato le lusinghe del mondo. Ciò creò uno scandalo anche all'interno dell'ordine, portando i sergenti a indossare con superbia il bianco mantello. Al che i templari furono costretti a vietare l'uso del bianco a chiunque non fosse un cavaliere, obbligandolo a portare un abito nero oppure di un colore umile e tagliato da una stoffa povera come il bigello.

Il bianco diventa quindi il colore riservato ai cavalieri del Tempio. È il segno della loro totale conversione, indica che hanno abbandonato la vita tenebrosa per riconciliarsi con il Creatore. «Che cos'è il bianco se non la castità totale?» conclude la regola.

Come i cistercensi per i loro monaci, anche i templari quindi scelgono il bianco per i cavalieri. Nello stesso modo, i cistercensi danno il colore scuro dell'abito ai frati conversi, che sono frati laici, e i templari riservano ai fratelli non cavalieri il nero o il bigello.

Anche i frati cappellani, cioè i preti templari, che furono concessi all'ordine da papa Innocenzo II con la bolla *Omne datum optimum* del 1139, devono portare l'abito scuro, a meno che non diventino vescovi o arcivescovi. In questo caso possono chiedere di vestire il mantello bianco in onore dell'ordine. Faccio notare che nessun altro ordine religioso di quel periodo prevedeva che un laico fosse a capo dell'intera comunità, e quindi anche dei sacerdoti che ne facevano parte. Questo forte rovesciamento della gerarchia tradizionale fu una chiara affermazione del valore autonomo della spiritualità dei laici. Non a caso ritroveremo lo stesso atteggiamento soltanto più avanti con san Francesco d'Assisi, che, come detto, scelse di non farsi prete anche se fu alla guida del suo ordine. La regola del 1129 sancisce quindi che il popolo dei templari è diviso in cavalieri e in non-cavalieri. L'abito dei cavalieri è bianco, quello dei non-cavalieri è scuro (marrone, nero o bigello) e il loro gonfalone, bianco e nero, li rappresentava tutti.

Chi erano i templari non-cavalieri? Abbiamo già detto dei frati sergenti, che si dividevano in sergenti d'arme e in sergenti di mestiere, dei cappellani, cioè i preti dell'ordine, e delle suore templari. Facevano parte del grande popolo del Tempio anche i «turcopoli», cioè mercenari o cristiani orientali che formavano una cavalleria leggera «alla turca». E poi i benefattori e le benefattrici dell'ordine, i donati e le donate, che erano laici affiliati, infine gli scudieri e i servi. Nei primi tempi esistevano anche i frati «a termine», cioè temporanei, che entravano nel Tempio solo per un certo periodo. Fu il caso del conte Folco d'Angiò († 1144), che venne in Oriente nel 1129 insieme con Ugo di Payns, e che entrò provvisoriamente nel Tempio prima di divenire re di Gerusalemme.

La regola insiste su un altro punto: il cavaliere deve vestirsi e calzarsi da solo per evitare che l'abito lo induca in qualche modo a mostrarsi arrogante. Inoltre il frate drappiere deve impedire che l'abito sia troppo corto o troppo lungo. San Bernardo, attento anche a questi aspetti etico-estetici, pone la questione negli stessi termini nell'*Elogio della nuova cavalleria*: mentre la cavalleria secolare usa ingombranti tuniche, lunghe e abbondanti, e ampie maniche avvolgenti, la nuova cavalleria si limita al necessario, eliminando il superfluo. Il valore conferito all'abito, sintetizzato nel mantello, è grande. Al momento dell'ingresso nell'ordine di un nuovo fratello, colui che lo riceve deve prendere il mantello e allacciarglielo attorno al collo: a quel punto è un templare a tutti gli effetti. La perdita dell'abito è, di conseguenza, la più grave punizione dopo l'espulsione dall'ordine.

La regola aggiunge qualche indicazione più specifica. Non sono ammesse pellicce o comunque pelli che non siano di agnello o di montone: un richiamo ulteriore alla povertà, credo, senza dimenticare che l'agnello è un animale cristico, oltre che centrale nel libro dell'Apocalisse. Le scarpe a punta o stringate sono invece assolutamente vietate in quanto segni di una moda tipicamente pagana. A causa delle torride temperature della Terra Santa, la regola suggerisce di concedere da Pasqua a Ognissanti una tunica di lino al posto di quella consueta di lana. La notte, infine, devono dormire con la camicia lunga e i calzoni e – soggiunge la versione francese – con calze di stoffa e con cintura.

Gli statuti dell'ordine, che comprendono tutte le prescrizioni successive alla regola, ci forniscono un elenco molto dettagliato del corredo che il drappiere, la terza autorità del Tempio dopo il maestro e il maresciallo, affidava a ogni templare, sia esso cavaliere o sergente: due camicie, due paia di calzoni, due paia di calzamaglie, una piccola cintura di cuoio da mettere sopra la camicia, un giustacuore con falde davanti e dietro, un giubbotto di pelliccia, due mantelli bianchi (per i cavalieri) di cui uno foderato, una cappa, una cotta da portare sopra la camicia, una cintura di cuoio, un cappello di stoffa e uno di feltro. I templari possono assistere al mattutino restando con la camicia lunga allacciata e con i calzoni, mettendo cappuccio, calze, scarpe e mantello, mentre all'ora prima, cioè verso le sei del mattino, sopra la camicia devono mettere la cotta o la giubba e togliere il cappuccio. Se guardiamo i templari raffigurati nell'affresco, notiamo che la descrizione degli abiti corrisponde perfettamente. Non si hanno invece notizie sugli abiti portati dalle sorelle dell'ordine, anche se si può ipotizzare che, se il grado di affiliazione all'ordine non era totale, portassero un abito scuro e conformemente all'uso degli altri ordini militari usassero come segno il Tau, detto anche *semicrux*.

Segno di riconoscimento: la barba

I templari avevano la barba? «I templari si radono la chioma, convinti dal detto dell'Apostolo (san Paolo) che è una vergogna per l'uomo curarsi la chioma.» San Bernardo li descrive come rozzi guerrieri di cui non si sospetta che fossero anche frati devoti e per nulla ignoranti, ammirati dall'élite spirituale e intellettuale del XII secolo.

Comunque la loro regola, oltre che all'abito, pensava anche all'aspetto dei frati: i capelli, la barba e i baffi non dovevano ostacolare la visuale, né davanti né dietro, e quindi andavano tagliati, almeno per i fratelli che avevano fatto una professione a vita. Col tempo, invece, la barba divenne un elemento talmente importante che, per tagliarla, i templari dovevano addirittura chiedere il permesso al maestro, e lui soltanto, come scritto negli statuti, poteva concederglielo. Tutte le raffigurazioni dei templari, siano esse miniature, lastre tombali o affreschi, come le immagini perugine, concordano assolutamente nell'attribuire loro la barba.

Nella prima metà del Duecento, il vescovo di Acri, Jacques de Vitry, racconta un aneddoto a proposito della barba dei templari (Sermone 37):

> Agli inizi del loro ordine, quei frati (i templari) erano ritenuti da tutti dei santi, per cui i saraceni li odiavano sommamente. Accadde che un nobile cavaliere, che era giunto Oltremare dalla Francia in pellegrinaggio, fu catturato insieme con alcuni frati della cavalleria del Tempio, e poiché era calvo e aveva la barba i saraceni credevano che fosse un templare e che con i templari dovesse essere ucciso. Infatti i cavalieri laici non erano uccisi, ma erano fatti prigionieri. Quindi gli chiedevano: «Tu sei un templare?». E lui rispondeva la verità: «Sono un cavaliere laico e un pellegrino». Allora i saraceni replicavano: «No, tu sei un templare!». Allora costui, acceso dallo zelo della fede, porgendo il collo disse: «In nome di Dio, sono un templare». Detto ciò, ucciso dalla spada insieme con i frati del Tempio, il novello templare raggiunse Dio, felice per la corona del martirio.

Abbiamo stabilito che i templari avevano la barba, e che era considerata un segno di riconoscimento anche dai musulmani. Ma i frati cavalieri erano anche calvi? San Bernardo e Jacques de Vitry sembrerebbero dirci di sì. L'abate di Clairvaux, nel suo *Elogio della nuova cavalleria*, nel capitolo che consacra al Calvario (*Elogio*, 17), sovrappone le parole *calvus* (calvo) e *Calvarius* (Calvario) sostenendo che Cristo stesso era calvo. Tuttavia la rasatura completa dei capelli non trova posto né nella legislazione templare né nelle raffigurazioni. Il taglio rituale dei capelli, la tonsura, non sembra essere stato esercitato, a differenza del taglio disciplinare dei capelli, dovuto, come abbiamo letto, a un'esigenza di efficacia militare.

Nicole Bériou, storica e attuale direttrice dell'Institut de recherche et d'histoire des textes di Parigi, ha scoperto come si radevano i templari. Infatti il vescovo di Parigi, Guillaume d'Auvergne, confessore di san Luigi IX, il re di Francia morto a Tunisi nel 1270 durante la crociata, scrive in una predica (Sermone 112): «I templari radono i peli della barba attorno alla bocca e alle labbra, sradicando così con una forma di astinenza la concupiscenza della gola, ma tralasciando i peli della maldicenza che caratterizza quest'ordine di templari!». A sentire il vescovo Guillaume, l'opinione sui templari e sul valore della loro barba, nel corso del Duecento, non era più così alta!

In ogni caso, la barba restò, e i «poveri cavalieri di Cristo e del Tempio di Salomone» entrarono a far parte del mondo degli eremiti, dei pellegrini, degli orientali, cristiani, musulmani ed ebrei, e dei laici. Tutti barbuti.

E i monaci avevano la barba? La barba dei monaci va di pari passo con il loro *status* di laici o di chierici. Come abbiamo detto, se all'inizio i monaci erano soprattutto laici, con il passare dei secoli erano divenuti sacerdoti, e nel XII secolo il processo di clericalizzazione degli ordini monastici era praticamente concluso. In questo modo, la riforma gregoriana poté facilmente inglobare i monaci fra i chierici, contribuendo così a una più chiara distinzione tra chierici e laici. Fu proprio in questo momento della storia della Chiesa che i laici persero ogni autonomia spirituale per essere completamente assoggettati alla gerarchia ecclesiastica. Potevano solo obbedire, e da allora la loro inferiorità spirituale non venne mai meno. In questo contesto nacquero i templari i quali, come ho sottolineato nel libro precedente, portarono la rivoluzione. Perché erano un ordine religioso di tipo monastico, ma non sacerdoti. Anzi, i loro sacerdoti, invece di essere ai vertici della gerarchia interna, erano subalterni ai frati cavalieri. I templari volevano ritornare in un certo senso al monachesimo delle origini, riavvicinare così i chierici e i laici, riunificare il popolo di Dio che si era diviso tra chi pregava, chi combatteva e chi lavorava. I templari pregavano, combattevano e lavoravano. E il segno di questa unità ritrovata era proprio la barba. La barba che portavano i Padri del deserto, la barba che non portavano più i monaci, la barba che, dopo i templari, porterà san Francesco, proprio per sottolineare il suo stato di laico.

La barba, però, non era scomparsa del tutto dai monasteri del XII secolo, solo che la portavano i fratelli laici, cioè i conversi. Di conseguenza, nella gerarchia monastica occidentale, la barba indicava ormai un subalterno. Forse è proprio la clericalizzazione del monaco che ha impedito a san Bernardo di usare la parola «monaco» per indicare i templari. Li chiamava «frati», «fratelli», benché parlasse in generale delle loro virtù monastiche. Anche la regola usa solo il termine «frati» e mai «monaci». In questa direzione, come detto, si assisterà a breve alla nascita degli ordini mendicanti, i francescani e i domenicani, che abbandoneranno l'appellativo di «monaco» per assumere esclusivamente quello di frate.

Ci siamo soffermati su questa figura di converso perché Burcardo († 1164), discepolo di san Bernardo e abate cistercense di Bellevaux, dedicò alla barba dei conversi un intero trattato (*Apologia de barbis ad conversos*), in cui ne illustra i significati biblici e allegorici. Nel Sermone 2, distingue, nel monastero, il popolo che ha la barba ma non la corona (cioè la tonsura clericale) dal clero che ha la corona e non la barba; spiega poi che porta la barba colui che esercita le opere della carne sostenendo l'uomo vecchio, mentre il monaco esercita gli studi dello spirito grazie ai quali rafforza l'uomo nuovo, in modo da recidere il superfluo, la cui eliminazione è segnata dalla rasatura del capo e della barba. D'altra parte, Burcardo ricorda (Sermone 3) che la barba può essere segno di forza, oltre che di sapienza, come fu per il rabbino Gamaliele, il maestro di san Paolo. Per i conversi la barba può quindi essere segno di sapienza, di bellezza interiore, di fortezza, di maturità, di fede.

Insomma abbiamo visto che nel mondo monastico clericalizzato del XII secolo la barba corrisponde ai conversi/laici, come la tonsura ai monaci/sacerdoti. Nel mondo occidentale in genere, quindi, la barba è dei laici, dei penitenti, dei pellegrini, dei re e degli imperatori. Superfluo è citare il Barbarossa. Mentre la barba rasata è un'eredità romana, passata poi al clero. Se andiamo invece a dare un'occhiata all'Oriente, scopriamo che nel mondo ebraico la barba era segno di vitalità e di bellezza, e tagliarla era un segno di lutto. Per il clero della Chiesa ortodossa, dal 1054 separata dalla Chiesa cattolica, era obbligatorio portare la barba. Infine, re Baldovino II, sposo dell'armena Morfia, era fiero della sua barba bionda. Nell'Islam, la barba era molto diffusa e il profeta Muhammad consigliava di farla crescere.

Abbiamo visto che la barba era all'origine del Tempio, e che incorniciava il viso del fondatore Ugo di Payns nella miniatura che lo ritrae con re Baldovino. La barba tornò alla fine dell'avventura templare come un segno di rovina. Infatti, nell'ordine di arresto del 1307, il re di Francia, Filippo il Bello, accusava i templari, tra l'altro, di adorare «un idolo che ha la forma di una testa d'uomo con una gran barba, la cui testa baciano e adorano durante i loro capitoli provinciali, e ciò non è conosciuto da tutti i frati, ma soltanto dal gran maestro e dagli anziani» (*une ydole qui est en la forme d'une teste d'omme a une grant barbe, laquele teste il baisent et aourent en leur chapistres provinciaux: mes ce ne le sevent pas tuit li frere, fors le grant mestre et li ancien*).

Chi era quest'idolo? Per dare una risposta mi avvalgo dei recenti studi dell'amica e collega Barbara Frale, profonda conoscitrice del complesso meccanismo dei processi al Tempio. Numerose testimonianze citano l'idolo misterioso. Il frate sergente Stefano di Troyes, durante l'interrogatorio di Poitiers del 1308 avvenuto in presenza di papa Clemente V, parla dell'idolo. Dice di aver assistito, durante il Capitolo generale tenutosi a Parigi nel 1291, all'esposizione sull'altare di «una testa di carne umana dalla sommità del cranio fino al nodo dell'epiglottide; aveva i capelli bianchi». Aggiunge che «anche la faccia era di carne umana e gli sembrava molto livida e scolorita, con la barba mista di peli scuri e canuti, simile alla barba che portano i templari». Fu invitato a adorarlo perché «è lui che ci fece ed è lui che ci può destituire». Il sergente in quell'occasione sentì dire da qualcuno che quella testa apparteneva al primo maestro dell'ordine, frate Ugo di Payns.

Il frate cavaliere Barthélemy Bocher de Chartres, tre giorni dopo essere stato arrestato dagli agenti di re Filippo, aveva deposto l'abito e si era rasato la barba, che anche in quegli ultimi terribili anni continuava a essere il segno di riconoscimento principale dei templari. Dopo aver marcato così la sua distanza dall'ordine, durante lo stesso interrogatorio di Poitiers, sempre di fronte al papa, disse che in una piccola cappella del Tempio, a Parigi, aveva visto una testa posta su un altare, e chi era con lui gli aveva detto che avrebbe potuto invocarla, se ne avesse avuto bisogno. La testa era «come quella di un templare, con un copricapo e una lunga barba bianca».

Insomma, quella che era evidentemente la testa di Ugo di Payns, fondatore dell'ordine ma mai riconosciuto santo dalla Chiesa, divenne alla fine uno dei principali capi d'accusa. Da reliquia veneratissima del fondatore a idolo, e poi ancora, addirittura, a *Baffometus*, cioè «Bafometto», per citare solo la più nota delle deformazioni del nome Muhammad, oltre a *Magometum*, *Maguineth*, *Mandaguorra*. La testa di Ugo non fu l'unica a essere venerata dai templari. Si ha notizia, infatti, di almeno altri tre reliquiari contenenti il cranio di un santo. Dopo la caduta di Acri del 1291 finirono a Cipro, nella chiesa templare di Nicosia, il busto-reliquiario con la testa di santa Eufemia, precedentemente custodita al castello templare di Château Pélerin, e la cefaloteca di san Policarpo. Il Tempio a Parigi custodiva invece la testa di una delle undicimila vergini, compagne di sant'Orsola. Vedremo più avanti che un'altra reliquia, ancora più importante e misteriosa, poteva nascondersi sotto l'infamante designazione di «idolo».

La croce a San Bevignate

Nella scena che stiamo commentando, i templari non hanno la croce sull'abito. Sono raffigurati all'interno del convento fortificato e quindi potevano non avere il mantello. A certificare però il fatto che fossero templari, c'è la loro croce posizionata sulla parete laterale della torretta. Ma tralasciamo per ora le croci presenti nell'affresco della controfacciata e torniamo alle immagini del coro. La parete centrale mostra, in basso, la crocifissione, e in alto, sopra la finestra, troviamo una grande croce greca, vale a dire quella con i bracci di uguale misura, e due piccole croci ai lati. La croce centrale è contornata da quattro stelle, che stanno al posto delle quattro piccole croci che si trovano nella cosiddetta «croce di Gerusalemme». Altre cinque stelle circondano le tre croci. Le nove stelle sono state ricondotte ai nove fondatori del Tempio, ma in realtà il numero nove riferito ai primi templari è riportato per la prima volta solo dal cronista Guglielmo di Tiro, nella seconda metà del XII secolo. Si tratta di una fonte esterna al Tempio e non è detto che questa circostanza, peraltro smentita da altre fonti coeve che parlano di trenta cavalieri, sia poi stato accolta dai templari al punto da tradurla in un progetto iconografico.

Un'altra croce greca, con i bracci rossi e neri, si trova alla sommità della parete del Giudizio universale ed è circondata da quattro stelle a sei punte. Sotto la croce si trova l'immagine di Cristo, questa volta non crocifisso, ma assiso in trono. Gaetano Curzi ci fa notare che, leggendo le immagini della parete centrale dal basso verso l'alto, possiamo vedere, sovrapposti, il Crocifisso, poi la luce che entra dalla finestra posta a Oriente – luce che è circondata da quattro cerchi con i quattro animali simbolici dei quattro evangelisti, cioè il «tetramorfo» – e infine la grande croce greca con le quattro stelle.

Inoltre, è possibile che durante la prima consacrazione della chiesa fossero state apposte delle croci rosse lungo le pareti, proprio nei punti in cui, negli anni Ottanta del Duecento, vennero realizzate dodici figure di apostoli che sostengono dodici grandi cerchi con inscritta una vistosa croce greca rossa. Questo secondo ciclo pittorico (che brutalizza e in parte addirittura cancella il primo) sembra rimandare a una seconda, solenne consacrazione della chiesa. La liturgia prevedeva una processione lungo tutte le pareti con una sosta presso ognuna delle croci. Secondo gli studiosi, lo stile delle croci è francese e ricorda altre commende transalpine degli ordini militari. Ciò è stato messo in relazione con il precettore della *domus* perugina, il francese Guillaume Charnier. Lo stile di queste croci allude inoltre a quelle della celebre Sainte-Chapelle, la cappella-reliquiario di Parigi che san Luigi IX aveva fatto costruire negli anni Quaranta del Duecento per ospitare le reliquie della Passione provenienti dall'Oriente e, in particolare, dall'imperatore latino di Costantinopoli. Forse – è l'ipotesi di Tommasi – anche San Bevignate era un reliquiario: oltre al corpo di Bevignate, aspirante alla santità che si trovava nel sacello sotto il coro, la chiesa templare doveva ospitare una reliquia della Santa Croce. Alla fine del Duecento si ha infatti notizia di un uomo che, dopo aver rubato una croce a San Bevignate, se ne andava in giro a chiedere elemosine spacciandosi per un templare. Le dimensioni della chiesa fanno proprio pensare a San Bevignate come luogo di culto collettivo e ai templari come a una sorta di catalizzatori di esigenze spirituali e devozionali dei laici della regione. Ma San Bevignate continua a riservarci sorprese.

Come accennavo, la chiesa doveva ospitare una croce che non c'è più: quella, rossa e greca, dipinta sulla tovaglia bianca dell'altare nel famoso «Trittico Marzolini». Secondo Scarpellini, infatti, questo misterioso dipinto, con echi orientali, ricomparso a Perugia agli inizi del secolo scorso, e che ora si trova nella Galleria nazionale dell'Umbria, era destinato proprio alla chiesa templare di San Bevignate. Prova ne sarebbe la scena della «presentazione di Gesù al Tempio», dipinta sullo sportello che affianca la centrale Madonna col Bambino. Sulla tovaglia bianca dell'altare, nel panneggio centrale, campeggia una grande croce rossa, che potrebbe ben rappresentare una «firma» templare del Trittico.

Tutte le croci dipinte a San Bevignate avvalorano così l'ipotesi che quella chiesa sia stata immaginata come un grande reliquiario laico, nel senso che proteggeva realtà spirituali vicine alla religiosità popolare, dove le più svariate esperienze eremitiche e ascetiche, come quella di Bevignate, potevano convivere con il movimento penitenziale dei flagellanti e, in un comune afflato apocalittico, rinnovare quell'entusiasmo che aveva indotto tanti uomini, donne, bambini, laici e chierici, fanti e cavalieri, vescovi e visionari, colti e ignoranti, poveri e potenti a prendere la croce e a raggiungere la Gerusalemme terrena come figura della Gerusalemme celeste, annunciata dall'Apocalisse di Giovanni.

La croce dei crociati

Il crociato nacque molti secoli prima di quella che nei libri di scuola viene definita «prima crociata», conclusa il 15 luglio del 1099 con la conquista di Gerusalemme. Addirittura, secondo il cronista benedettino Ekkeardo d'Aura († 1126), il primo crociato sarebbe stato l'imperatore Costantino († 337). Il crociato nacque anche molto tempo prima di quando, nel Duecento, inventarono la parola «crociata». Ma chi era il *crucesignatus*? Era colui che portava cucito sulla veste il *signum crucis*, il segno della croce. Con questo nome si vennero a indicare soprattutto i pellegrini che si recavano nella Città Santa. Il sistema funzionava un po' come i cartelli degli autostoppisti. A seconda del distintivo che portava, ognuno poteva capire che tipo di pellegrino fosse, da dove venisse o dove fosse diretto. La croce indicava il pellegrinaggio a Gerusalemme, come la palma di Gerico, tanto che i pellegrini che tornavano dalla Terra Santa si chiamavano anche «palmieri». La palma era il simbolo della rigenerazione e, guardando bene, è proprio l'albero ritratto nella seconda scena dell'affresco che stiamo commentando. La conchiglia di Saint-Jacques, detta in italiano «capasanta», «cappasanta» o «pettine di san Giacomo», è invece il simbolo del pellegrinaggio a Santiago di Compostella (attestato dal X secolo). Purtroppo, poco tempo fa dalla cattedrale di Santiago è stato rubato il *Codex calixtinus*, uno splendido manoscritto miniato del XII secolo che conteneva la prima guida turistica per i pellegrini che si recavano alla tomba dell'apostolo Giacomo e una *Storia di Carlomagno*. I «romei», invece, e cioè i pellegrini che si recavano a Roma, avevano come insegna le due chiavi di San Pietro o la Veronica, cioè il telo che recava impressa la vera icona del volto di Gesù.

In questo senso, il crociato è innanzitutto un pellegrino diretto a Gerusalemme. Ma cos'era la crociata? Gli storici da tempo discutono su che cosa fosse realmente questo «passaggio», questo *iter Hierosolymitanum*, il cammino verso Gerusalemme, chi lo voleva e perché.

Prima di rispondere a queste domande, facciamo un breve excursus sulla storia di Gerusalemme dal IV secolo in avanti. Al tempo dell'imperatore Costantino, Gerusalemme era colonia dell'Impero romano d'Oriente, ancora unito, benché nel 330 Costantino stesso avesse spostato la capitale a Costantinopoli. La croce fu un elemento unificatore e fondante del suo regno. La sua vittoria contro Massenzio al Ponte Milvio a Roma, vittoria che gli consegnò l'Impero, fu ottenuta, secondo alcune fonti, proprio dalla sua visione in cielo di una croce affiancata da una scritta ('Εν Τούτῳ Νίκας): «Grazie a questo segno vincerai» (*In hoc signo vinces*, nella traduzione rimandata dalla tradizione latina). In seguito alla visione, Costantino fece incidere il monogramma di Cristo sugli scudi dei soldati. Gli storici hanno discusso il valore e il significato di quella croce che diventa quasi un vessillo, una bandiera, un'insegna araldica con valore apotropaico: potrebbe essere infatti la croce di Cristo o più facilmente il simbolo del sole. Comunque sia, nel 313 Costantino firmò quel decreto che concedeva ai cristiani la libertà di culto e, secondo la leggenda, sua madre Elena, pellegrina a Gerusalemme nel 327-328, ritrovò miracolosamente proprio la Vera Croce di Gesù Cristo e altre reliquie della Passione. L'*inventio Crucis*, cioè il ritrovamento della croce, viene ricordato nella liturgia il 3 maggio, con la festa dell'Invenzione della Santa Croce. Il 14 settembre, invece, la Vera Croce viene esposta solennemente nel Santo Sepolcro durante la festa dell'Esaltazione della Santa Croce, che ricorda la consacrazione della basilica costantiniana del Santo Sepolcro.

Nel VII secolo Gerusalemme cambiò più volte padroni: dapprima fu conquistata dai persiani che presero la reliquia della Vera Croce; nel 629 fu riconquistata dall'imperatore Eraclio I di Bisanzio, che recuperò la Vera Croce riportandola a Gerusalemme; nel 637 la Città Santa passò all'Islam, sotto la sovranità di varie autorità politico-religiose. Prima fu conquistata dai califfi sunniti omayyadi di Damasco, poi dai califfi abbasidi-sassanidi di Baghdad, che in quegli anni si imposero in Siria-Palestina a scapito di Bisanzio. Nel 972 Gerusalemme fu presa dai califfi fatimidi del Cairo, sciiti, ma finì ai sultani turchi selgiuchidi, sunniti, che la tennero fino al 1098, quando fu rioccupata dai fatimidi d'Egitto.

Nel 1095, quindi, Gerusalemme e la Terra Santa erano nelle mani dei turchi selgiuchidi. Malgrado ciò, sappiamo bene che i pellegrinaggi al Santo Sepolcro non si interruppero quasi mai, e si segnalano solo rari momenti di grave intolleranza; come nel 1009, quando il califfo fatimide al-Hakim ordinò la distruzione quasi totale dell'edificio più sacro della cristianità. Abbiamo visto come nel 1095 la Chiesa latina cattolica, guidata da Urbano II, fosse separata dalla Chiesa greca ortodossa da più di quarant'anni. Nel 1095 in Occidente era ancora in corso la sfida tra papa e imperatore, conosciuta come «lotta per le investiture». Nel 1095 Bisanzio chiedeva ancora una volta aiuti militari al papa, cercando di difendere le frontiere dell'Impero dagli attacchi dei turchi selgiuchidi.

Nel 1095, da Clermont, papa Urbano II, dopo il concilio, fece un grande discorso, esortando un uditorio composto da tutte le classi sociali, ma in particolare da cavalieri, a liberare Gerusalemme. In realtà, non sappiamo cos'abbia veramente detto il papa, perché conosciamo il suo discorso alla folla, detto «L'appello di Clermont», soltanto attraverso la testimonianza di cronisti che scrissero ben dopo il 1099, quando Gerusalemme era stata conquistata. È quindi possibile che il discorso del pontefice sia stato scritto in funzione delle nuove circostanze, come una sorta di profezia *post eventum*.

Nel «Canone dell'indulgenza», approvato dal concilio di Clermont, si legge che «per chiunque fosse partito per liberare la Chiesa di Dio a Gerusalemme, per sola devozione e non per la gloria né per il denaro, quel cammino (*iter*) avrebbe sostituito ogni penitenza». Al voto di pellegrinaggio fa quindi eco l'«indulgenza plenaria», cioè la remissione di tutte le pene temporali comminate per i peccati confessati e per i quali c'era già stata l'assoluzione.

Ma quali erano le reali intenzioni di Urbano II?

Senz'altro il suo fine non fu quello di dare inizio alle «crociate», termine che, come detto, fu coniato secoli dopo. Senz'altro il papa si poneva un obiettivo penitenziale e devozionale per tutti i laici, e certamente invitava a seguire un cammino rivolto a Gerusalemme non tanto come obiettivo politico e militare, quanto come una meta a cui tendere. Può darsi, infine, che a causa del desiderio di riavvicinare la Chiesa latina a quella greca abbia invitato i cavalieri radunati a Clermont a sostenere gli sforzi militari dell'imperatore bizantino contro i turchi. Ciò che forse non si sottolinea abbastanza è che Urbano II raggiunse comunque un grande traguardo. L'appello di Clermont segna il riconoscimento pubblico del papa come capo della cristianità occidentale. Urbano II fu un grande riformatore: applicò il modello cluniacense all'amministrazione della sede apostolica per liberarla dalle ingerenze delle famiglie romane; sostenne spiritualmente i vescovi favorendo l'insediamento di canonici regolari presso le cattedrali; rinvigorì la rete ecclesisatica diocesana con i suoi frequenti viaggi e con la convocazione di numerosi concili. Nel 1095, a Clermont, decise di rivolgersi direttamente a tutti i fedeli come unica guida della cristianità latina. Era quello di cui c'era bisogno.

La risposta fu immediata e vastissima, segno che c'era una massa di persone che aveva sete di indicazioni spirituali autorevoli e che accettò l'invito del papa a «prendere la croce»: ecco chi erano i «crociati». Definire ciò che seguì, ciò che davvero fu la «prima crociata», resta tuttavia un compito arduo. Possiamo ribadire quello che essa non fu: non si trattò, nel modo più assoluto, di un'impresa protocoloniale volta alla conquista del territorio della Siria-Palestina. Lo stesso papa, che senz'altro diede il «la» al movimento, e che designò come capo dei crociati e suo ambasciatore il vescovo di Le Puy, Adhémar, non previde affatto l'esito che avrebbero avuto le sue parole, e infatti non diede mai disposizioni circa l'assetto e la gestione futura di Gerusalemme e della Terra Santa. Il 15 luglio 1099 Gerusalemme non fu solo liberata, ma anche conquistata.

Nel 1098 il fratello di Goffredo di Buglione, Baldovino, aveva conquistato Edessa, inizialmente per conto dell'imperatore di Bisanzio. Nello stesso anno fu presa Antiochia, che si costituì in principato. Nel 1099 nacque il regno di Gerusalemme, retto prima da Goffredo e poi dal fratello Baldovino I. Nel 1109 nacque la contea di Tripoli, affidata ai conti di Saint-Gilles. Nel corso di dieci anni, nel Mediterraneo orientale si erano formati quattro Stati latini, che occorreva ormai gestire, amministrare e difendere.

Conquiste anomale: le città e i territori furono preda di singoli crociati, alleati o nemici dell'Impero d'Oriente. Fu anomala anche la presa di Gerusalemme, giacché non avvenne a nome di un'autorità pubblica, e si formalizzò con la designazione di Goffredo di Buglione come «avvocato del Santo Sepolcro», titolo che presto Baldovino sostituì con quello più convenzionale di «re di Gerusalemme». Si trattò, comunque, sempre di un regno atipico, che non rispondeva a nessuna delle sovranità cristiane, né all'imperatore d'Occidente né all'imperatore di Bisanzio e neppure al papa, che pure aveva indicato la strada. Goffredo era ben consapevole dell'unicità della sua posizione, e non a caso ricevette gli emiri musulmani solo, sotto una tenda, seduto per terra, scalzo, a voler ribadire che tutto era accaduto per volere divino e non apparteneva ai domini terreni. Era quasi la manifestazione ultima dell'avverarsi dell'attesa messianica e, insieme, la malinconica consapevolezza che così non era.

Scrivere il corpo: dalla croce alle stimmate

La *Reconquista* della penisola iberica fu una realtà legale, gestita da autorità civili e religiose riconosciute, una guerra «giusta» oppure addirittura una guerra santa, ma in ogni caso una guerra con dei nemici riconoscibili. La Terra Santa crociata invece nacque da un vuoto legislativo che fu presto riempito e per così dire potenziato dall'afflato escatologico-apocalittico che si era innescato a partire da una sola parola: «Gerusalemme».

Chi rispose all'invito di Urbano II, questo grande papa viaggiatore e comunicatore, non fu un'armata organizzata con una guida militare riconosciuta da tutti, ma si trattò, piuttosto, di vari gruppi che, più o meno armati, partirono a ondate da varie parti d'Europa aggregandosi, quando era possibile, a qualche nobile cavaliere e ai suoi uomini – i fiamminghi di Goffredo di Buglione, i provenzali di Raimondo di Saint-Gilles, il conte Emicho di Flonheim (Germania), Roberto conte di Fiandra, Roberto conte di Normandia, il conte di Champagne Stefano di Blois, il conte Boemondo di Taranto, Eustachio, conte di Boulogne e fratello maggiore di Goffredo di Buglione – oppure a qualche predicatore itinerante come Pietro l'eremita. Vista la grande partecipazione di uomini e donne anche pellegrini, ma disarmati, la prima fu considerata una «crociata popolare», che in seguito si fuse o si affiancò alle cosiddette «crociate dei nobili».

I crociati ricevevano la croce come un pellegrino riceveva il bastone e la bisaccia. Essendo laici, spesso non sapevano leggere né scrivere e soprattutto non conoscevano il latino, quindi per comunicare usavano le immagini, e anche il libro o le parole diventavano delle immagini. I laici disponevano anche di un altro strumento comunicativo: il proprio corpo, che poteva diventare addirittura un «libro vivente». Il primo libro vivente fu Gesù Cristo. Infatti Giovanni, nel vangelo, scrisse che «il Verbo si fece carne» (Gv 1,14), e Gesù stesso disse: «La mia carne è vero cibo e il mio sangue vera bevanda. Chi mangia la mia carne e beve il mio sangue rimane in me e io in lui» (Gv 6,55-56); e ancora: «Io sono il pane vivo» (Gv 6,51). Gesù sovrappose metaforicamente il proprio corpo al Tempio di Salomone per giungere infine a spezzare il suo corpo resuscitato nel pane eucaristico. Anche a San Bevignate chiunque può vedere il corpo di Gesù nel pane spezzato sulla tavola dell'«Ultima Cena», nella parte sinistra del coro, oppure il corpo di Gesù sulla croce, il corpo di Gesù risorto e seduto in trono per il Giudizio finale con i segni della Passione, e infine il corpo di Gesù flagellato in una scena del «Trittico Marzolini» che avrebbe potuto ispirare i flagellanti di fra Raniero Fasani.

La prima crociata, che possiamo anche chiamare «viaggio», «spedizione», «pellegrinaggio armato», «pellegrinaggio collettivo», è una sorta di laboratorio spirituale aperto ai laici di ogni condizione sociale, diversi per lingua, cultura, età e sesso. Gerusalemme è come una grande bussola, che dà la direzione e l'orientamento. Ma il corpo è per tanti laici l'unica risorsa di comunicazione con il divino, e sostituisce il libro, trasformando le persone che ricevono la parola divina in autentici libri viventi. Se quindi i crociati normalmente portavano la croce cucita sull'abito, non mancarono i *crucesignati* che scelsero di portare il segno della croce direttamente impresso sul corpo.

Gli storici Paul Alphandéry e Alphonse Dupront hanno raccolto numerose testimonianze di questa «spiritualità laica», sacri tatuaggi compresi. Tra queste, alcune riguardano la croce. Il *Vangelo di Nicodemo*, apocrifo, usato spesso dai crociati o dalle *Chansons de geste*, descrive il buon ladrone con il segno della croce sulle spalle. Secondo il racconto del benedettino Guibert de Nogent († 1124 ca), a Brindisi una nave fa naufragio: sulle spalle degli annegati si rivela la croce. Inoltre, all'inizio del 1099 i compagni di Raimondo di Tolosa vengono uccisi dai saraceni: tutti portavano la croce impressa sulla spalla destra. Anche il poeta e cronista Baudri, vescovo di Dol († 1130), ci dà notizia di questi tatuaggi divini: durante la prima crociata le donne mostravano delle croci misteriose che erano comparse sui loro corpi. Guibert de Nogent parla anche di un prete che riceve una rivelazione divina e porta una croce sulla fronte. Figlia della stessa temperie è l'esperienza delle stimmate inaugurata da Francesco d'Assisi, il santo che, insieme con i nostri templari, meglio raccolse e mantenne le prerogative del laico all'interno del percorso di santità.

Anche la profezia per immagini per antonomasia, l'Apocalisse, dà al corpo un valore speciale di portatore di segni. Dapprima vi troviamo il sigillo di Dio e il marchio della bestia (Ap 7,2-3):

> E vidi salire dall'Oriente un altro angelo, con il sigillo del Dio vivente. E gridò a gran voce ai quattro angeli, ai quali era stato concesso di devastare la terra e il mare: «Non devastate né la terra né il mare né le piante, finché non avremo impresso il sigillo sulla fronte dei servi del nostro Dio».

Gli interpreti successivi riterranno che il sigillo di Dio sia il Tau. Da parte sua la bestia (Ap 13,16-17)

> fa sì che tutti, piccoli e grandi, ricchi e poveri, liberi e schiavi, ricevano un marchio sulla mano destra o sulla fronte, e che nessuno possa comprare o vendere senza avere tale marchio, cioè il nome della bestia o il numero del suo nome.

L'Apocalisse aggiunge che il numero del nome della bestia è 666. Poi Giovanni menziona il nome della grande prostituta (Ap 17,3-5):

> L'angelo mi trasportò in spirito nel deserto. Là vidi una donna seduta sopra una bestia scarlatta, che era coperta di nomi blasfemi, aveva sette teste e dieci corna. La donna era vestita di porpora e di scarlatto, adorna d'oro, di pietre preziose e di perle; teneva in mano una coppa d'oro, colma degli orrori e delle immondezze della sua prostituzione. Sulla sua fronte stava scritto un nome misterioso: «Babilonia la grande, la madre delle prostitute e degli orrori della terra».

Infine, nella Città Santa, nella nuova Gerusalemme (Ap 22,3-4):

> E non vi sarà più maledizione.
> Nella città vi sarà il trono di Dio e dell'Agnello:
> i suoi servi lo adoreranno;
> vedranno il suo volto
> e porteranno il suo nome sulla fronte.

Tuttavia, l'immagine che si avvicina maggiormente ai nostri templari con i bianchi mantelli segnati dalla croce del sangue di Cristo resta quella del cavaliere che porta scritto sia sull'abito sia sul corpo «un nome che nessuno conosce all'infuori di lui» (Ap 19,11-13):

> Poi vidi il cielo aperto, ed ecco un cavallo bianco; colui che lo cavalcava si chiamava Fedele e Veritiero: egli giudica e combatte con giustizia.
> I suoi occhi sono come una fiamma di fuoco, ha sul suo capo molti diademi; porta scritto un nome che nessuno conosce all'infuori di lui. È avvolto in un mantello intriso di sangue e il suo nome è: il Verbo di Dio.

E più avanti (Ap 19,16):

> Sul mantello e sul femore porta scritto un nome: Re dei re e Signore dei signori.

Durante una delle spedizioni raccolte sotto il nome convenzionale di «prima crociata», un altro segno cristico venne ad affiancare la croce: la scoperta della Santa Lancia di Longino che trafisse il costato di Gesù.

Nel 1097, davanti ad Antiochia, si radunano tutte le principali spedizioni crociate. Il 3 giugno 1098 i crociati entrano nella città cara all'apostolo Pietro, dove venne usato per la prima volta il nome di «cristiani», ma non riescono a conquistare la cittadella. Inoltre si ritrovano a loro volta assediati dalle truppe dell'*atabeg* turco Kerbogha. Pochi giorni dopo, un povero contadino provenzale, Pierre Barthélemy, si reca da Raimondo IV, conte di Tolosa e marchese di Provenza, e dal vescovo Adhémar per raccontare loro le sue visioni. Il 30 dicembre dell'anno prima gli erano apparsi due uomini vestiti di bianco, uno bello e silenzioso, l'altro più basso, più anziano, con gli occhi neri e i capelli bianchi e rossi e una barba bianca. Era l'apostolo Andrea, che gli diceva di portare un messaggio al conte, al vescovo e a un familiare del conte: il vescovo doveva predicare e segnare il popolo con la croce che porta davanti a sé. Poi lo aveva condotto nella chiesa di San Pietro dove gli aveva mostrato la Santa Lancia che avrebbe dovuto consegnare al conte.

Il 10 febbraio 1098 Pierre Barthélemy aveva avuto una nuova apparizione, senza rivelarla a nessuno. Dopo altre apparizioni finalmente si decide e va dal conte, il quale lo affida al suo cappellano, il canonico Raimondo d'Aguilers, uno dei più importanti cronisti della prima crociata. Il 14 giugno la Santa Lancia viene trovata in un reliquiario marmoreo, posto circa quattro metri sotto il suolo, alla presenza di dodici persone oltre che dello stesso Pierre. Sant'Andrea gli appare di nuovo e gli chiede di baciare il piede al suo compagno: Pierre capisce che si tratta di Gesù. Inoltre gli dice che i crociati devono fare cinque elemosine, come le cinque piaghe di Gesù, o recitare cinque *Padre nostro*.

Il miracoloso ritrovamento della reliquia restituisce al campo crociato una speranza che era ormai scomparsa. L'annuncio della vittoria imminente porta grande euforia: il 28 giugno i crociati, innalzando la Santa Lancia come un vessillo, battono il comandante turco Kerbogha. Al loro fianco si vede un'armata di guerrieri su bianchi cavalli e con stendardi bianchi, comandata da san Giorgio, san Demetrio e san Mercurio. Sconfitto Kerbogha, cade anche la cittadella di Antiochia. Al culmine del successo, si acuisce però la rivalità fra Boemondo di Taranto e Raimondo di Saint-Gilles, entrambi aspiranti capi della spedizione. Il 1° agosto muore il vescovo Adhémar. Pierre riceve una nuova visione: gli appare Adhémar accanto a sant'Andrea e a Gesù. Adhémar chiede di essere seppellito ad Antiochia, ma soprattutto insiste con fermezza perché i capi crociati si riconcilino e partano subito per Gerusalemme.

La storia delle reliquie segue da vicino le vicende dei loro proprietari. Nel caso della Santa Lancia, essa accompagnerà il conte provenzale Raimondo. Sulla via di Gerusalemme, i crociati vengono sostenuti da un'altra visione, quella ricevuta dal prete Stefano, che «vede» Adhémar raccomandargli la croce come pegno della vittoria. La Madonna gli dice che la croce deve essere portata davanti da un vescovo, e la Santa Lancia da un prete, subito dietro. A giugno raggiungono Gerusalemme. Iniziano a interrogarsi sulla gestione della città. Tutti, soprattutto il clero, tendono a escludere che ci possa essere un re a Gerusalemme, e Raimondo d'Aguilers ricorda che «quando giungerà il Santo dei Santi, cesserà l'unzione regale». La presa di Gerusalemme è preceduta da una grande processione che si avvia al monte degli Ulivi dove, tra gli altri, parla anche Pietro l'eremita; davanti al corteo è il clero a portare la croce e le reliquie dei santi. I capi della crociata, prima dell'assedio, si recano a piedi nudi e in camicia, come i pellegrini, a chiedere consiglio all'eremita del monte degli Ulivi. Quindi, come scelta penitenziale, anche i cavalieri si mettono a lavorare con gli altri per costruire le macchine da guerra e preparare il terreno. Notiamo già qui alcuni degli elementi incontrati a San Bevignate: i cavalieri al lavoro, il ruolo degli eremiti, le liturgie penitenziali, la nuova funzione spirituale dei laici, portatori di visioni e scopritori di reliquie, la centralità simbolica di Gerusalemme. La mattina del 15 luglio i crociati provenzali vedono un soldato sul monte degli Ulivi che li esorta agitando lo scudo. Le visioni si moltiplicano: appare anche il defunto vescovo Adhémar, che sale per primo sulle mura a incitare i crociati. La sconfitta politica di Raimondo di Saint-Gilles è anche la sconfitta della Santa Lancia, che infatti presto scompare dalle cronache. L'elezione di Goffredo di Buglione, l'ultimo arrivato, porta con sé evidenti segni messianici: non vuole la corona di re di Gerusalemme, ma accetta la corona di spine, e viene offerto sull'altare dai capi della crociata come un bambino. Come scrivono gli storici Alphandéry e Dupront, mentre i franchi seguono la tradizione carolingia, e Urbano II parte dall'idea di una crociata di cavalieri per cavalieri, i provenzali portano il popolo sulla scena della storia. Una storia che, per essere abbastanza grande, deve assumere i contorni universali ed egualitari della Fine dei tempi, dell'Apocalisse.

Adson, i laici e l'escatologia della crociata

Fra i vari trattati apocalittici legati a Gerusalemme, uno ebbe una fama particolare: il *De Antichristo* del monaco Adson. L'autore visse nel X secolo e fu abate di Montier-en-Der. Morì nel 992 durante un pellegrinaggio a Gerusalemme, compiuto con il fratello del vescovo di Troyes, un guerriero violento che si era pentito. Adson si adoperò per riformare molti monasteri. Era un uomo colto e fu amico sia di Adalberone, futuro arcivescovo di Reims, sia di Abbone abate di Fleury e dello scienziato Gerberto di Aurillac, che nel 999 divenne papa col nome di Silvestro II.

Quando era ancora direttore della scuola abbaziale di Montier-en-Der, Adson ricevette una singolare richiesta da parte della regina Gerberga, moglie di re Luigi IV e sorella dell'imperatore Ottone I. La regina chiese al monaco se stesse giungendo la Fine dei tempi e chi fosse l'Anticristo. Adson rispose con una letteratrattato: *Sulla nascita e sul tempo dell'Anticristo*. L'Anticristo è il contrario di Cristo; nascerà dalla tribù ebraica di Dan, sarà il «Figlio della Perdizione». Sua città natale sarà Babilonia e, giunto a Gerusalemme, ricostruirà il Tempio di Salomone e fingerà di essere il Figlio di Dio onnipotente. Userà tre armi contro i fedeli: terrore, soldi e miracoli. Persino i cristiani, alla vista di tali prodigi, si chiederanno se è lui il Cristo che deve venire alla Fine del mondo secondo le Scritture. Per tre anni e mezzo, e cioè un tempo, due tempi e la metà di un tempo, ovvero 42 mesi o 1260 giorni, ci sarà una grande persecuzione: tutti quelli che non rinnegheranno Dio saranno uccisi. Interpretando un misterioso brano di san Paolo (2Ts 2,3-8), in cui l'Apostolo dice che per il momento «l'uomo dell'iniquità, il figlio della perdizione, l'avversario» viene trattenuto, e che «il mistero dell'iniquità è già in atto, ma è necessario che sia tolto di mezzo colui che finora lo trattiene», il monaco Adson sostiene che ciò che trattiene l'Anticristo dal manifestarsi è la presenza dell'Impero romano. Poiché il regno dei franchi ha conservato una parte dell'Impero, finché esisteranno i re dei franchi, l'Anticristo non giungerà. Inoltre dicono alcuni dotti che alla Fine dei tempi ci sarà un re dei franchi, l'ultimo e il più grande, che avrà la pienezza del potere dell'Impero romano. Dopo aver governato felicemente il proprio regno, alla fine si recherà a Gerusalemme e deporrà lo scettro e la corona sul monte degli Ulivi. Quella sarà la fine dell'Impero dei romani e dei cristiani. Subito giungerà l'Anticristo. Ma prima del suo arrivo saranno mandati nel mondo due grandi profeti, Enoch ed Elia, che potranno istruire i cristiani per tre anni e mezzo. L'Anticristo quindi li ucciderà, come dice l'Apocalisse, e farà dei cristiani o dei martiri o degli apostati. E chi crede in lui riceverà sulla fronte il segno del suo marchio. Quindi, come dice san Paolo, Gesù o san Michele lo uccideranno sul monte degli Ulivi. Saranno concessi quaranta giorni a coloro che sono stati sedotti dall'Anticristo per pentirsi, in seguito ci sarà il Giudizio universale e si manifesterà il Cristo trionfante, come annuncia la stella del mattino dell'Apocalisse.

Questa lettera riscosse un successo straordinario e si intrecciò via via con altri testi precedenti o successivi che introducevano altri personaggi, per esempio Carlomagno e il suo viaggio a Gerusalemme, o altri passaggi, come la conversione necessaria degli ebrei e anche dei musulmani. Perlopiù questi testi facevano dell'imperatore o del re un personaggio determinante nella storia della salvezza. Non a caso Gerberga era moglie del re e sorella dell'imperatore. In queste storie non c'era posto per il papa, ma c'era posto per i laici. Al variegato popolo delle crociate, invece, bastò un discorso del papa e una parola – «Gerusalemme» – per incarnare nelle potenzialità del proprio corpo e nella concretezza di un viaggio nella Città Santa il sentimento di una missione spirituale affidata a una comunità cristiana che, nell'eccezionalità della situazione, aveva superato le tradizionali divisioni di classe, sesso, funzione sociale. Fu un'illusione e spesso una tragedia, come nel caso delle persecuzioni contro gli ebrei guidate dal conte Emicho di Flonheim sulla base di una sua personale interpretazione dei testi apocalittici e sulla convinzione di una missione divina suffragata, a suo dire, dal segno impressogli sulla carne da un inviato celeste. Ma l'escatologia apocalittica lasciava comunque uno spazio aperto ai laici, spazio che i templari dimostrarono di meritare. Non a caso, come vedremo più avanti, furono loro a far tradurre in anglo-normanno alcuni testi escatologici fra cui la *Visione di san Paolo*, che racconta la discesa all'inferno dell'Apostolo, guidato da san Michele, l'arcangelo guerriero, ma anche il trattato di Adson sull'Anticristo.

In questi testi i templari potevano leggere i segni della propria storia, tra cui il ruolo della regalità europea e franca in particolare, il Tempio di Salomone e soprattutto il senso di fine e della Fine legato alla città di Gerusalemme. Montier-en-Der dista solo sessanta chilometri da Troyes. Da quella regione il nostro monaco prese la via di Gerusalemme, centocinquant'anni prima del primo maestro del Tempio.

La croce templare: rossa, bianca o nera?

Tutte le cronache e le fonti scritte concordano sul colore rosso della croce templare. L'ostensione della croce sull'abito accomunava il pellegrino crociato, o il predicatore della crociata, poi il frate templare e quindi tutti gli ordini religioso-militari. Il rosso della croce sul mantello era un segno comune ai crociati, ai templari e ad altri ordini militari, come i Portaspada, o l'ordine di San Giorgio, di Santiago o del Cristo, di Calatrava o di Montesa. Gli ospitalieri portavano la croce bianca, i teutonici la croce nera e i cavalieri lebbrosi di San Lazzaro la croce verde. Rosso era il colore del sangue versato da Cristo sulla croce; rosso era anche il colore del sangue che i templari erano ogni giorno disposti a versare in prima persona, a imitazione del Cristo. Così diceva il papa, così recitavano gli statuti dell'ordine, così replicavano i templari ai loro accusatori durante i numerosi processi che subirono dal 1307 al 1312.

Quando compare per la prima volta la croce rossa? Demurger ha notato che la croce rossa sull'abito dei templari è già nominata nella bolla *Omne datum optimum* del 1139. La croce rossa venne citata di nuovo a Parigi, in occasione del Capitolo generale del Tempio del 27 aprile 1147, quando papa Eugenio III († 1153) diede loro la croce di panno rosso da fissare sulla spalla sinistra. Secondo una versione della *Cronaca di Ernoul*, i canonici del Santo Sepolcro lasciarono ai futuri templari una parte delle insegne del Sepolcro, e cioè una croce singola «viermelle», color vermiglio, rosso, mentre l'insegna dei canonici è una croce doppia, cioè ha due bracci. In un manoscritto della *Cronaca* troviamo un'altra affermazione interessante: l'Ospedale fece nascere (*si jeta*) il Tempio e gli concesse i resti dei pasti e l'insegna del «baussant», cioè il gonfalone templare bianco e nero con la croce rossa che campeggia al centro del nostro affresco.

I templari erano diventati crociati a vita che esibivano la croce, racconta lo storico inglese Matteo Paris, «come fosse un segno talmente vittorioso che, quasi fosse uno scudo, impediva loro di fuggire davanti all'infedele». Secondo Guglielmo di Tiro, invece, la croce rossa fu data loro dal papa come segno di distinzione e di eccellenza. Sappiamo che Jacques de Vitry si basa proprio sul colore rosso della croce per costruire il legame con la visione dei cavalli rossi ricevuta dal profeta Zaccaria (6,2).

La regola originaria non menziona la croce sull'abito, è solo con gli statuti che la vediamo comparire. In particolare, la croce rossa compare quando viene descritto l'abito da guerra. Il corredo dei cavalieri prevede un usbergo, cioè una cotta di maglia di ferro, calze di maglia di ferro, un elmo o un cappello, tutto di ferro, un paio di spallacci e di scarpe e, infine, una sopravveste da portare sopra l'armatura, bianca per i cavalieri, nera per i sergenti e per entrambi con la croce rossa davanti e dietro. Oltre al mantello, naturalmente. Completano la lista lo scudo, due gualdrappe per i cavalli e una coperta, bianca, nera o a strisce. Riconosciamo molti di questi elementi negli affreschi di San Bevignate. Quando un frate viene messo in penitenza, gli viene tolta la croce, perché non ne è degno. Se però morisse durante la penitenza, devono ricucirgli la croce sull'abito.

La croce sul mantello è anche protagonista di un miracolo: al tempo dei processi all'ordine, il precettore Ugo di Salm si recò dall'arcivescovo di Magonza con venti templari armati dichiarando che le accuse rivolte loro erano false. Ugo poteva comprovarlo con un miracolo: i mantelli con la croce di quei templari condannati al rogo perché difendevano l'ordine erano rimasti miracolosamente intatti. Questo testo risale a una cronaca perduta, diffusa nel Seicento. Secondo Colette Beaune, il racconto potrebbe essere una rielaborazione della circostanza storica secondo cui il conte Federico di Salm, fratello di Ugo di Salm e gran precettore di Germania, pur di dimostrare l'innocenza dell'ordine si era offerto di subire l'ordalia, cioè una prova che rendeva manifesto il Giudizio di Dio.

Eppure, se dai manoscritti ci spostiamo alle raffigurazioni su affreschi o miniature, scopriamo che oggi quelle croci rosse sono diventate anche bianche o nere. È stata Chiara Frugoni a farmi notare quei colori inattesi che avevo sempre archiviato come errori del miniatore. Cominciamo da San Bevignate, nel luogo che dovrebbe custodire e «pubblicare» i colori autentici dei templari. Nella scena della battaglia, affrescata sul primo registro dal basso, il colore della croce ha un valore aggiunto perché assicura la riconoscibilità dei templari anche per gli altri combattenti. Ebbene, premesso che l'affresco è frammentario, notiamo che tutte le croci dipinte sull'armatura dei templari e anche sulla gualdrappa dei cavalli sono decisamente nere, oggi bluastre a causa dell'ossidazione. È rossa solo la croce che campeggia sul gonfalone «baussant», troncato di bianco e di nero. Rosse sono le strisce sulla gualdrappa bianca del cavallo del portainsegne. Se guardiamo con attenzione la scena soprastante notiamo che i templari in abito conventuale bianco non mostrano alcuna croce, che invece è dipinta sulla torretta del loro convento fortificato, anche se è nera!

Tutto ciò necessita delle spiegazioni: mi sento di escludere quella di Gaetano Curzi, che vede nei cavalieri con la croce nera i teutonici venuti a combattere a fianco dei templari. Anche perché in questo caso dovremmo pensare che i frati cavalieri ritratti nel convento-fortezza siano anche loro teutonici. E non avrebbe alcun senso da parte dei templari ritrarre e omaggiare in una delle loro chiese d'Occidente più importanti un altro ordine religioso militare. Cosa possiamo pensare? Forse la croce rossa templare è stata volutamente colorata di nero subito dopo i processi e la soppressione dell'ordine. Questa tesi un po' balzana andrebbe verificata presso i restauratori degli affreschi. Oppure – ed è l'ipotesi preferita dalla Frugoni – i templari hanno adottato nella pratica un «bicromismo bianco e nero». In effetti, il bicromismo del gonfalone stava a indicare fin dalle origini l'insieme della comunità templare, i cavalieri e gli altri. Mentre la croce rossa fu aggiunta solo in seguito.

Se passiamo dagli affreschi di San Bevignate alle miniature o ad altri affreschi che ritraggono i templari, scopriamo che la croce, oltre che rossa, può anche essere bianca. C'è un caso che mi preme affrontare: si tratta perlopiù delle miniature del rogo del 1314 che troviamo in numerosi manoscritti. Chiara Frugoni osserva che in almeno tre miniature i templari mostrano una croce bianca. In altre, invece, hanno quella rossa, ma nel complesso pare che i miniatori non siano molto informati sui cavalieri del Tempio. Quando non sono nudi, i templari sono vestiti di bianco o di scuro, e addirittura un miniatore attribuisce a ogni templare una veste di un colore diverso: blu, rosso, celeste, marrone. A volte portano la barba, a volte no, a volte hanno la tonsura, a volte hanno un copricapo nero o colorato. Insomma, direi che i miniatori non avevano un modello unico a cui rifarsi. La presenza della croce bianca può però trovare una spiegazione. Infatti nel 1312, con la bolla *Ad providam*, papa Clemente V destinò all'ordine gemello, gli ospitalieri di san Giovanni, tutte le proprietà dei cavalieri del Tempio. Fecero eccezione solo i beni e i conventi situati nella Penisola iberica, che vennero usati per la fondazione di altri ordini religioso-militari, come l'ordine di Montesa, nel regno di Valenza, e dell'ordine del Cristo in Portogallo.

Era noto, quindi, che gli ospitalieri avevano di fatto sostituito i templari. Ciò poteva forse indurre un miniatore ad attribuire loro la croce bianca tipica degli ospitalieri.

Ancora diverso, ma non meno appassionante è il caso delle raffigurazioni dei cubiculari templari che, come vedrete, ci riporteranno dal papa alla nostra San Bevignate. La questione è stata ampliamente affrontata da Chiara Frugoni, che mostra due dipinti, entrambi riconducibili al sogno di un pontefice riguardante Francesco d'Assisi. La tavoletta di Taddeo Gaddi, un allievo di Giotto che la dipinse negli anni Trenta del Trecento, illustra *Il sogno del Laterano cadente*. Si tratta del sogno che fece papa Innocenzo III nel 1210, la sera prima di ricevere Francesco e i suoi confratelli. Il papa sogna una persona che sorregge la sua cattedrale, San Giovanni in Laterano, che sta crollando. Quando il giorno seguente incontrerà Francesco, riconoscerà in lui l'uomo sognato. Custodiscono il suo sonno due cubiculari, che all'epoca erano spesso templari e ospitalieri. In questo caso, almeno un cubicolare di Innocenzo III è un templare, in quanto porta la croce rossa su abito scuro. Innocenzo III morì a Perugia nel 1216. Taddeo Gaddi dipinse la sua formella quando il papato si era ormai «trasferito» ad Avignone.

Gli affreschi con le *Storie francescane* della Basilica superiore di Assisi ci regalano un altro papa, un altro sogno legato a Francesco e un altro cubiculare. Gregorio IX, nipote di Innocenzo III, fu eletto papa nel 1227; nel 1228 canonizzò Francesco, che aveva sempre protetto quando era ancora cardinale. L'affresco racconta di come gli apparve in sogno lo stesso Francesco rimproverandolo perché non aveva creduto al miracolo delle stimmate. Ai piedi del letto lo assistono vari cubiculari, e uno, con la folta barba bianca, porta una croce su un mantello scuro: malgrado la croce in questione sia bianca, Chiara Frugoni propone di identificare quella figura autorevole con il templare Bonvicino, originario di Perugia o della stessa Assisi.

Come abbiamo visto, frate Bonvicino è una figura centrale sia per i templari sia per Perugia sia per il papato. Con la costruzione di San Bevignate, a partire dal 1256, nel pieno del conflitto fra guelfi e ghibellini, il templare Bonvicino volle fare della chiesa un luogo che mettesse in relazione il papato con il comune perugino e con i movimenti religiosi laicali e penitenziali della zona. Bonvicino richiese con insistenza, ma invano, che tutto quel fermento trovasse il suo epicentro nel culto di un santo eremita, forse templare, quindi di un santo laico: Bevignate.

I templari e le reliquie della Vera Croce

Che cos'è una reliquia? «Reliquia» significa «resto», ciò che rimane, ciò che è lasciato dietro. In particolare, nel cristianesimo, una «santa reliquia» è ciò che resta di un santo o di un oggetto con cui sia venuto in contatto. Le reliquie possono essere «corporali», se sono costituite dal corpo o da parti del suo corpo, «reali», se sono state in contatto con il santo durante la sua vita, e infine «rappresentative», se sono state a contatto con le reliquie precedenti.

Le reliquie sono oggetti di venerazione e spesso trasmettono nel tempo presente i poteri miracolosi del santo cui sono riferiti. Si potrebbe dire che per i cristiani la prima reliquia «reale» fu il corpo di Cristo, che Giuseppe d'Arimatea e Nicodemo chiesero a Pilato e che venne deposto nel Santo Sepolcro dove oggi si erge l'omonima basilica. Le reliquie sono una traccia dell'Eterno che si fa visibile nel quotidiano; attengono al corpo e alla materialità e quindi sono facilmente raggiungibili da tutti, chierici e laici, ricchi e poveri, colti e ignoranti. Da qui la loro grande popolarità: le chiese in cui sono custodite, a seconda dell'importanza del santo o della reliquia stessa, diventano meta di pellegrinaggio e danno luogo a particolari liturgie o processioni quando vengono mostrate in pubblico. Da qui le polemiche da parte di teologi e di ecclesiastici contro il culto delle reliquie o a favore di una loro limitazione, o quantomeno di un loro controllo. Spesso, i teologi o i chierici che criticavano il pellegrinaggio criticavano anche il culto delle reliquie a esso strettamente legato. I *crucesignati*, che esistevano innanzitutto come pellegrini verso luoghi e corpi santi, non potevano che essere grandi inventori, moltiplicatori, possessori e trasmettitori di reliquie. Come abbiamo visto con l'«invenzione», il ritrovamento, della Santa Lancia, la reliquia è un altro lasciapassare del religioso laico al mondo della spiritualità, che con l'affermazione della riforma gregoriana, era ormai rigidamente gestito dai chierici. Le reliquie inoltre hanno potere e di conseguenza sono oggetti di grande valore, spirituale, politico e anche economico. Non a caso nel Medioevo vengono riposte nel tesoro di un casato o di una comunità religiosa o civile e sono a fondamento di parte della loro autorità. Non a caso re e imperatori, da Costantino a Carlomagno, dall'imperatrice Elena alla regina Radegonda, dall'imperatore di Bisanzio a san Luigi IX, sono spesso associati alle più importanti reliquie della cristianità. I contemporanei riconobbero ai templari una speciale perizia nella valutazione delle reliquie. A loro fu richiesto di attestarne l'autenticità, di recuperarle, di custodirle, di tenerle in pegno, di trasportarle. Ne possedevano in grandi quantità e di enorme valore, come ricorda durante il processo anche l'ultimo gran maestro del Tempio, Jacques de Molay.

Tra le più importanti della cristianità, la reliquia della Vera Croce merita senz'altro un breve excursus. L'editto di Milano del 313, che concedeva ai cristiani la libertà di culto, diede il via a una campagna di costruzioni di edifici sacri, che sorsero spesso per ospitare le spoglie di martiri e santi. La città di Gerusalemme venne quindi in qualche modo «reinventata». In quel contesto, come abbiamo visto, sorse la leggenda del ritrovamento della Santa Croce e di altre reliquie della Passione da parte di sant'Elena, madre dell'imperatore Costantino, che effettivamente nel 325 si recò in pellegrinaggio a Gerusalemme, proprio quando il vescovo di Gerusalemme Macario iniziava gli scavi nella zona del Sepolcro e del Calvario. Nella leggenda si dice che sant'Elena divise la croce di Cristo in due parti: una restò a Gerusalemme insieme con il *titulus crucis*, cioè l'iscrizione con il motivo della condanna (INRI) posta sopra; l'altra fu inviata a Costantinopoli, insieme con i Santi Chiodi. La conquista persiana di Gerusalemme del 614 causò la perdita della reliquia, che fu poi riportata nella Città Santa dall'imperatore bizantino Eraclio tra il 628 e il 629. Nel 1009 il Santo Sepolcro fu distrutto dal califfo fatimide al-Hakim, e la Vera Croce, si dice, venne nascosta. Fu ritrovata miracolosamente nel 1099 dal primo patriarca latino di Gerusalemme, Arnolfo. Come ho detto, le reliquie del Santo Legno venivano mostrate pubblicamente ai fedeli tre volte all'anno: il 3 maggio, cioè il giorno del ritrovamento della croce a opera di sant'Elena, il 14 settembre, cioè quello dell'Esaltazione della Croce, festa della consacrazione della doppia chiesa costantiniana del Martyrium e dell'Anastasis, cioè del complesso del Santo Sepolcro, avvenuta nel 336, e infine il Venerdì Santo.

Fra le reliquie legate ai templari, la Vera Croce ebbe una parte da protagonista. Conservata, dal 1099, dai canonici del Santo Sepolcro in tempo di pace, durante le battaglie veniva esposta come una bandiera: era il *vexillum crucis*. E la croce era, come canta il poeta Venanzio Fortunato nel VI secolo, il vessillo del vero re, il Cristo: «Vexilla regis prodeunt». I templari e gli ospitalieri ne assicuravano la scorta quando usciva dal Santo Sepolcro, ma non è ancora chiaro il loro ruolo durante la tragica battaglia di Hattin, nel 1187, quando l'esercito crociato fu sbaragliato dal Saladino. La maggior parte delle fonti, anche arabe, concorda sul fatto che l'esercito musulmano si impossessò della preziosa reliquia. Così dice il cronista Imad ad-Din († 1201):

> Appena preso il re, fu presa la Vera Croce e sgominati in sua difesa gli idolatri. Questa era quella che quando era drizzata e piantata e alzata, ogni cristiano le si prosternava e inchinava. Essi sostengono infatti che sia fatta del legno su cui sostengono sia stato crocifisso colui che adorano.

Lo storico Ibn al-Athir († 1233) conferma:

> I musulmani si impadronirono della loro gran croce, detta «la Vera Croce», dove dicono che c'è un pezzo del legno su cui, secondo loro, fu crocifisso il Messia; e quella cattura fu per loro uno dei colpi più gravi, che li rese certi di morte e rovina.

Ma a chi era affidata la custodia di una reliquia così determinante per i gerosolimitani? Sembra certo che dopo essere stata portata in processione fuori dalla Città Santa, il patriarca l'avesse affidata ai vescovi. Durante la carica, la Vera Croce si trovava al centro, protetta da un contingente scelto, in cui non mi sembra esagerato immaginare che ci fossero dei templari. Nel momento della disfatta, il re e tutti i principi si avvicinarono alla reliquia per meglio proteggerla. Il vescovo di Acri, ferito a morte, la lasciò al vescovo di Lidda, finché la tenda del re non cadde e il Saladino prese la croce. Qualche tempo dopo, secondo la *Cronaca di Ernoul*, un templare chiese udienza al conte di Champagne, Enrico II. Infatti Enrico, figlio di Maria di Francia, protettrice del poeta Chrétien de Troyes, l'autore del *Roman de Perceval ou le Conte du Graal*, si era fatto crociato nel 1190, due anni prima di diventare re di Gerusalemme. Il templare gli rivelò di essere stato presente alla battaglia di Hattin e di essere riuscito a seppellire la reliquia della Vera Croce. Se il conte lo avesse fatto giungere fino al luogo della battaglia avrebbe saputo recuperarla. Enrico lo inviò con un suo sergente, ma, pur scavando per tre notti, non trovarono nulla. È probabile che tra gli uomini scelti per la guardia della Vera Croce durante le battaglie ci fossero dei templari.

È certo che uno dei principali dignitari del Tempio, il commendatore della città di Gerusalemme, aveva ricevuto una missione particolare: durante la cavalcata, doveva avere cura della Vera Croce che stava presso di lui con dieci cavalieri, che la sorvegliavano notte e giorno. Di quale Vera Croce si trattava? Probabilmente di una reliquia posseduta dai templari stessi, anche se la speciale funzione del commendatore della città di Gerusalemme, così vicino ai cavalieri secolari e ai pellegrini, può far pensare anche alla custodia della Vera Croce conservata al Santo Sepolcro. Il commendatore, che era il superiore del commendatore dei frati cavalieri, aveva sempre con sé uno scrivano saraceno e gli era stata affidata un'altra missione speciale, che ricorda l'antico compito dei templari: organizzare dieci frati cavalieri «per condurre e scortare i pellegrini che vanno al fiume Giordano», con il gonfalone «baussant» e la tenda rotonda, curare i gentiluomini ammalati e portare bestie da soma e vettovaglie e, se necessario, portare indietro i pellegrini sugli animali da soma. Inoltre, tutti i cavalieri secolari affiliati alla casa dovevano cavalcare sotto il suo gonfalone. Questo dignitario appare come l'erede della storia primitiva dell'ordine e il mediatore per eccellenza fra i frati templari e la città di Gerusalemme.

Come detto, i templari ebbero la proprietà di vari frammenti della Vera Croce (a Gerusalemme, a Segovia, per dono di papa Onorio III, a Venezia, a Biais in Bretagna, a Limay in Provenza, a Perticano presso Nocera Umbra, a Lecce, in Catalogna, a Mas-Dieu e Perpignan nel Roussillon, a Parigi...), e di altri frammenti ebbero la custodia, come pegni o come reliquie da trasportare. Il saccheggio crociato di Costantinopoli del 1204 non risparmiò le preziose reliquie che da Bisanzio cominciarono ad affluire in Occidente.

Per limitarci alla Vera Croce, ricordiamo, sulla scorta degli studi di Tommasi, che nel 1204 l'imperatore latino Baldovino I inviò al papa e ai templari alcune reliquie, tra le quali un frammento della croce: però a Modone, nel Peloponneso, dei pirati genovesi si impadronirono del prezioso bottino che era stato affidato alla custodia di un templare italiano. Il conte Louis de Blois inviò ai cistercensi molte reliquie, tra cui parti del «Legno del Signore» che aveva preso a Costantinopoli nel 1204: il trasporto dall'Oriente fu affidato all'ex templare Artaud, che nel frattempo si era fatto cistercense e si era stabilito a Clairvaux. Nel 1240 l'imperatore di Bisanzio Baldovino II lasciò in pegno ai templari di Siria una stauroteca, cioè un reliquiario a forma di croce che ospitava parti della Vera Croce; in seguito la riscattò e la diede a san Luigi IX, che la ripose in quel prezioso reliquiario di Parigi che è la Sainte-Chapelle. Nel 1272 il gran maestro del Tempio Thomas Bérard inviò in Inghilterra parti della Vera Croce, insieme con altre reliquie: l'arcivescovo di Tiro e il vescovo templare di Banyas, Umberto, ne redassero la lettera di autenticità.

Jochen Schenk ha contato una cinquantina di frammenti della Vera Croce che i templari possedevano in Oriente o in Europa. Fra le altre reliquie della Passione, spicca la Sacra Spina della corona di Gesù, che fioriva miracolosamente ogni Venerdì Santo a mezzogiorno. Non sappiamo per quali vie la Sacra Spina sia giunta ai templari, ma sappiamo che prima del 1204, quando i crociati latini saccheggiarono Costantinopoli costituendo l'Impero latino d'Oriente, quella preziosissima reliquia della Passione era uno dei pezzi forti del tesoro imperiale.

Se osserviamo il Giudizio finale dipinto a San Bevignate, troviamo una raffigurazione dei simboli della Passione. Non sono posti su Gesù stesso, che siede sul trono, ma sono tutti raccolti all'interno di un rettangolo, a fianco della teoria di angeli musicanti, come se fossero prove da mostrare. Vi sono la Santa Lancia che gli perforò il costato, il bastone con la spugna imbevuta di aceto e la corona di spine. Nel XVI secolo l'arcivescovo di Monreale segnalò la presenza a Malta delle reliquie della veste e della spugna di Cristo. In che modo Malta era legata ai templari? A Rodi e poi a Malta, cioè nella casa madre degli ospitalieri di San Giovanni, erano confluite tutte le reliquie che il Tempio conservava nella propria casa madre di Cipro, tra cui la Sacra Spina. Con la soppressione del Tempio, tutti i beni dei templari, reliquie comprese, erano passate agli ospitalieri. Che appartenesse ai templari anche la Sacra Spugna? Se così fosse, l'immagine di San Bevignate aprirebbe una nuova benché ipotetica strada: i templari vi dipinsero forse le più preziose reliquie in loro possesso? E quindi, la Santa Lancia... Lasciamo perdere, per ora, la questione e ritorniamo alla celebre Sacra Spina a cui i templari affidarono persino la propria difesa. Dissero infatti al processo: «Se fossimo uomini come siamo accusati di essere, la spina della corona che fu di Nostro Signore non fiorirebbe il giorno di Venerdì Santo tra le mani dei cappellani del Tempio».

Le reliquie della croce di Cristo erano conservate in ricche stauroteche, ornate di gemme, iscrizioni, affiancate talvolta dalle rappresentazioni di san Giovanni e della Madonna. Questa compresenza della madre del Signore e di Giovanni era evidentemente cara ai templari, che nel loro sacramentario di Modena fecero miniare una delicatissima scena della crocifissione, in cui Giovanni e Maria, ma anche il sole e la luna, accompagnano e assistono il Cristo in croce. È una compresenza osservata anche a San Bevignate. La devozione dei templari alla croce era molto nota: le liturgie di adorazione del 3 maggio, del 14 settembre e del Venerdì Santo venivano osservate con speciale devozione. E spesso di fronte a folle di pellegrini.

La croce è intimamente legata anche alla fine dei templari secondo l'esplicita volontà e il calcolo di re Filippo il Bello, che scelse proprio il 14 settembre, festa dell'Esaltazione della Croce, per stendere l'ordine di arresto di tutti i templari del suo regno e confisca di tutti i loro beni. Se leggiamo i capi d'imputazione indirizzati ai frati cavalieri, ci accorgiamo che una delle accuse più pesanti è quella di sputare sulla croce come primo atto richiesto a tutti i nuovi frati professi. Attraverso questa accusa – che secondo Barbara Frale non è da ascrivere a volontà sacrilega ma a una pratica, certamente riprovevole, di «nonnismo» ante litteram – il re e i suoi giuristi intendono confutare la venerazione della croce che tanto aveva contribuito proprio alla fama dei templari nel mondo. Durante i processi, invece, furono numerose le testimonianze dei templari, ma anche di esterni al Tempio, che descrissero le modalità di devozione alla Santa Croce dei frati cavalieri. Come abbiamo detto, anche San Bevignate poteva contenere un frammento della Vera Croce e forse ambiva a diventare una grande meta di pellegrinaggio.

Appuntamento con il leone

In Terra Santa il leone era la bestia pericolosa per eccellenza. Lo sapevano bene i templari, che nella regola avevano vietato la caccia a tutti gli animali eccetto il leone, perché, a immagine dei miscredenti, dei nemici del Figlio della Vergine, «va in giro cercando chi divorare e la sua mano è contro tutti e la mano di tutti è contro di lui», citando la prima Lettera di san Pietro (Art. 45). Sono numerosi i racconti dei pellegrini o dei crociati che descrivono la presenza minacciosa di numerose bestie feroci. Negli statuti, i templari che sentano un grido d'allarme provenire dall'esterno dell'accampamento, dovuto a un leone o a una bestia feroce, non devono uscire senza permesso (Art. 155).

Come ho già osservato in alcuni miei lavori precedenti, nella regola si passa dal leone animale selvaggio al leone emblema del diavolo; poi da questo nemico spirituale si ritorna al nemico reale, e cioè i nemici di Cristo. Si sa che san Bernardo aveva identificato il suo nemico, l'antipapa Anacleto II (della famiglia dei Pierleoni), con il leone, e l'altro avversario, il filosofo Pietro Abelardo, con il drago. Gli stessi due simboli sono utilizzati da Ugo nella sua *Lettera ai cavalieri di Cristo*: «Per questo state saldi e resistete al vostro avversario, al vostro leone e drago. Viene infatti come un leone per spezzarvi, viene come un drago per ingannarvi».

Ma il leone ha anche una valenza simbolica positiva. Nei bestiari medievali, che si rifanno al *Fisiologo*, è scritto, per esempio, che il leone è il più forte di tutti gli animali. Il suo nome significa «re» e tre sue caratteristiche lo avvicinano al Cristo. Intanto ama andarsene sulle vette delle montagne, e quando gli giunge l'odore dei cacciatori cancella le sue tracce con la coda e così impedisce loro di trovarlo; così il leone «della tribù di Giuda» ha nascosto la sua divinità, le tracce del suo amore nei cieli finché il Padre non lo ha inviato nell'utero della Vergine Maria per salvare dalla morte il genere umano, e così il diavolo, il nemico del genere umano, non sapendolo, ha osato tentarlo quasi fosse solo un uomo. La seconda natura è che dorme con gli occhi aperti, come accadde a nostro Signore che si addormentò sulla croce con il corpo, ma la sua divinità era sveglia. In terzo luogo, la leonessa custodisce i piccoli nati morti per tre giorni e per tre notti, fin quando arriva il padre che soffia sui loro volti e dà loro la vita, così il Padre il terzo giorno resuscitò Gesù Cristo dai morti.

Il leone di San Bevignate ci racconta ancora un'altra storia. È la storia di una battaglia vinta, svoltasi nel deserto come la battaglia di Nablus, o come quella di Gerolamo, svoltasi in un monastero nel deserto. Il leone, simbolo di Cristo ma anche del demonio, indica la propria parte animale, che un santo deve saper controllare. Dopo un esame attento, gli studiosi riconoscono nel leone di San Bevignate un leone addomesticato, proprio come quello che accompagnava san Gerolamo nel deserto, proprio come il lupo, ormai domato, di san Francesco.

A San Bevignate comunque non mancano gli animali, feroci e non. Due sono dipinti sull'arco trionfale: a sinistra, un lupo spalanca le fauci attaccando una persona ora parzialmente cancellata, e a destra, sotto la scritta «minaça» decifrata da Gaetano Curzi, c'è un'altra belva feroce. Il lupo, come dicevo, è stato messo in relazione con uno dei miracoli attribuiti nel Seicento a san Bevignate: la resurrezione di un bambino ucciso da un lupo. Lo stato dell'affresco, tuttavia, non ci permette di identificare con certezza nella persona aggredita un bambino. Altri miracoli attribuiti all'eremita, sempre secondo fonti di molto successive, furono la crescita miracolosa di olive e di grano e la liberazione di due condannati. Si nominano anche guarigioni avvenute subito dopo la sua morte per contatto con la salma non ancora tumulata. In tanto silenzio delle fonti coeve, viene quasi da pensare che il miracolo di san Francesco con il lupo di Gubbio abbia creato quello di san Bevignate e il lupo di Perugia...

Nelle decorazioni delle campate figurano un leone rampante, un grifo e vari pesci. Il numero, la qualità e la ricchezza semantica degli animali, veri o leggendari, rappresentati a San Bevignate ci rimandano alla ex chiesa perugina di San Giovanni del Fosso, a sud di Porta Sole, dove nel XIII secolo è stata dipinta una sorprendente teoria di animali, scoperta da Pietro Scarpellini, posta sotto le scene di vita di san Giovanni Evangelista. Tra questi si vedono ancora il leone, il grifo passante, l'aquila, il lupo, l'unicorno e il drago, segno della presenza a Perugia di bestiari medievali. Per restare a noi, nella contraffacciata sono stati rappresentati molti altri animali. Nella prima scena, oltre ai cavalli, abbiamo anche uno scudo dei musulmani dipinto con l'immagine di un drago alato e rampante. Le ali di un altro drago o di un grifo si individuano nella parte destra della scena, molto rovinata, e sono da riferire a un altro cavaliere musulmano. Nella nostra scena troviamo traccia di altri due leoni mentre, nella parte destra, è raffigurato un felino, forse un leopardo, che simmetricamente al leone affronta dai rami di un albero un vescovo con mitria e con bastone pastorale, che è in piedi sotto un'architettura. Vedremo che i pesci sono gli animali protagonisti della terza scena, come l'aquila che sormonta e chiude dall'alto tutta la visione è protagonista della quarta. Parleremo più avanti del «tetramorfo», cioè dei quattro animali che simboleggiano gli evangelisti, tutti presenti nella parete centrale del coro, proprio di fronte al nostro affresco. Ne possiamo dedurre che le pitture di San Bevignate affrontano il rapporto fra l'uomo e l'animale in modo sorprendentemente ricco e vario.

La controfacciata ci regala quindi, dopo la vittoria sul nemico esteriore illustrata nella prima scena, un'altra immagine di vittoria, quella sul nemico interiore, quindi sulla propria parte animale.

Nell'Apocalisse, è proprio «il leone della tribù di Giuda» ad aver vinto e a essere riconosciuto «degno di aprire il libro e di leggerlo». Questo leone, continua l'Apocalisse, è un Agnello che può aprire i sette sigilli, «perché *è* stato immolato e *ha* riscattato per Dio, con il *suo* sangue uomini di ogni tribù, lingua, popolo e nazione, e *ha* fatto di loro per il nostro Dio, un regno e sacerdoti, e regneranno sopra la terra» (cfr. Ap 5,9-10).

Il «manifesto» templare: la Lettera di Ugo

La lettera di Ugo *Ai cavalieri di Cristo* è un vero e proprio manuale di strategia militare applicata al combattimento interiore. L'autore potrebbe essere Ugo di Payns, come credo, oppure Ugo di San Vittore, celebre teologo e canonico, come propone in ultimo Dominique Poirel. L'ho tradotta dal latino in italiano e ve la propongo nella sua versione integrale.

> Ugo, peccatore, ai cavalieri di Cristo che nel Tempio di Gerusalemme votano se stessi alla santità vivendo religiosamente. Che combattano, che vincano e che ricevano la corona in Cristo Gesù Nostro Signore. Fratelli carissimi, quanto più il diavolo veglia per ingannarci e per perderci, tanto più noi dobbiamo stare attenti, ben svegli e circospetti non solo a non fare il male, ma anche quando facciamo il bene.
>
> Infatti, il primo sforzo del diavolo è volto a indurci a peccare. Il secondo è di corrompere la nostra intenzione mentre facciamo il bene. Il terzo è di renderci instabili nel bene, allontanandoci, con l'apparenza del progresso, dalle opere di virtù che abbiamo intrapreso.
>
> Per evitare la prima trappola, la Scrittura dice: «Figlio, stai attento a non acconsentire mai al peccato» (Tb 4,5). Per evitare la seconda, dice in un altro punto: «Fai bene il bene»; infatti non fa bene il bene colui che in un'opera di bene cerca non la gloria di Dio, ma la propria. Per difenderci dalla terza, dice: «Resta dove sei» (cfr. Dn 10,11). Chi non vuole restare dove è, è colui che si fa sempre trascinare lontano da ciò che deve fare e che si sforza di fare e che si fa attirare altrove per l'incostanza della sua mente e per la forza dei suoi desideri.

Per correggere questa incostanza e questa leggerezza, l'Apostolo dice: «Ciascuno rimanga nella condizione in cui era quando è stato chiamato» (1Cor 7,20). Questo in una condizione e quello nell'altra. Vedete, fratelli: se tutte le membra del corpo avessero una sola funzione, il corpo non potrebbe esistere nella sua integrità. Ascoltate l'Apostolo: «Se il piede dicesse: "poiché non sono l'occhio, non appartengo al corpo", per questo non farebbe parte del corpo?» (cfr. 1Cor 12,15). Spesso sono le cose meno nobili a essere le più utili. Il piede tocca la terra, ma porta il peso di tutto il corpo. Non ingannatevi. Ciascuno riceverà la sua ricompensa secondo la sua fatica. I tetti delle case sopportano la pioggia, la grandine e il vento, ma se non ci fossero i tetti, non varrebbe la pena dipingere i soffitti.

Se scriviamo così, fratelli, è perché abbiamo sentito che alcuni di voi sono stati molto turbati da persone ben poco sagge, come se la scelta che voi avete fatto, di consacrare la vostra vita a portare le armi contro i nemici della fede e della pace per la difesa dei cristiani, come se, dico, questa scelta sia o non lecita o dannosa, cioè o sia un peccato o un impedimento per un più grande progresso. È esattamente ciò che vi dicevo prima: il diavolo non dorme. Sa bene infatti che se cercasse di indurvi al peccato, non lo ascoltereste né gli acconsentireste. Per questo non vi dice di ubriacarvi, di fornicare, di litigare, di calunniare. Rifiutando il peccato, avete reso vana la sua prima fatica.

Avete sconfitto l'avversario anche nella seconda prova. Infatti, in tempo di pace combattete contro gli impulsi della carne grazie ai digiuni e all'astinenza e sapete resistere e vincere quando il diavolo insinua la superbia mentre state operando la virtù. Invece in tempo di guerra combattete con le armi i nemici della pace che fanno dei danni o che vogliono farli.

Tuttavia, il nemico invisibile che sempre tenta con crudele accanimento, si sforza di corrompere l'opera buona che voi state compiendo e a cui vi state dedicando con giustizia e razionalità. E poiché si sforza di corrompere l'azione esterna attraverso l'intenzione, vi suggerisce di odiare e di essere presi dal furore mentre uccidete e vi suggerisce di essere presi dalla cupidigia mentre saccheggiate. Voi lo respingete ovunque sia perché mentre uccidete non odiate iniquamente e mentre spogliate il nemico non desiderate con ingiusta avidità ciò che prendete. Dico che il vostro odio non è iniquo perché non odiate l'uomo, ma l'iniquità. Dico che non desiderate ingiustamente, perché portate via ciò che giustamente viene loro tolto per i loro peccati e a voi viene giustamente dato come ricompensa per la vostra fatica. «Chi lavora ha diritto alla sua ricompensa» (Lc 10,7; 1Tm 5,18). Se infatti «non si mette la museruola al bue che trebbia» (cfr. 1Cor 9,9, che cita Dt 25,4 ma anche 1Tm, 5,18), con che diritto si negherebbe il salario all'operaio? Se infatti si dà una ricompensa all'uomo che parla per l'edificazione del prossimo, perché non la si dovrebbe dare a chi offre la propria vita per salvare la vita al suo prossimo?

Per questo ho detto che il diavolo è vinto su questo piano. Non ha trovato infatti in voi nulla che gli appartenga, perché sia la vostra azione sia la vostra intenzione sono pure.

Per questo si dedica a un'altra battaglia. Mentre infatti non può negare che ciò che fate sia buono, si sforza di fare in modo che non manteniate la perseveranza, che è il compimento di ogni bene, nel bene che state compiendo. Ammette che sia un bene, e non lo può negare, ma insinua che un bene minore debba essere abbandonato per uno più grande, non perché quest'ultimo accada, ma perché non accada l'altro. Non si preoccupa di quello che dice purché riesca a strapparvi dal vostro proposito. Questo vuole soprattutto: che usciate da dove vi trovate. Per questa ragione vi promette grandi cose, perché voi deviate e una volta che sia riuscito a farvi deviare, non vi permetta né di raggiungere l'obiettivo promesso né di ritornare a quello abbandonato.

Questo è l'inganno del nemico: questa è la furbizia e l'astuzia del diavolo che desidera avere il sopravvento su di voi. Per questo state saldi e resistete al vostro avversario, al vostro leone e drago. Viene infatti come un leone per spezzarvi, viene come un drago per ingannarvi. Quindi non credetegli. Sia per voi sospetto tutto quanto vi suggerisce, anche se ha l'apparenza del bene. Ricordatevi cosa ha detto a vostra madre, questo astuto persuasore: «Mangiate» dice, «e sarete come dei» (cfr. Gen 3,5). Vedete in che modo promette la divinità per insegnare a disprezzare l'umanità? Promette la maestà per togliere l'umiltà.

Voi dunque, fratelli, per esperienza di questo primo inganno, siate cauti e non accettate con leggerezza consigli che vi persuadano ad ascendere per raggiungere la divinità. Ricordatevi che siete uomini: mantenete con umiltà ciò che Dio vi ha dato; sopportate pazientemente ciò che Dio ha disposto per voi. E se per caso vi viene in mente di desiderare un ordine più elevato, sappiate che in ogni ordine è più elevato chi è migliore. Giuda è caduto dal culmine dello stato apostolico e il pubblicano accusando umilmente se stesso è stato giustificato. Se la posizione potesse salvare, il diavolo non sarebbe caduto dal cielo. Inversamente, se la posizione dannasse, Giobbe nel suo letamaio non avrebbe vinto il diavolo. Considerate quindi che presso Dio né la posizione né l'abito hanno alcun valore. Per questo l'apostolo Paolo dice: «Non è la circoncisione che conta, né la non circoncisione, ma l'essere nuova creatura» (Gal 6,15). Se quindi ti compiaci nel progresso [spirituale], e aspiri ad ascendere verso il meglio, non guardare verso ciò che è fuori, ma riconduci l'occhio all'interno, dove Dio vede. Lì è la buona ascesa, dov'è la vera virtù. Così infatti è detto del giusto: «Ha deciso nel suo cuore di salire [a Gerusalemme]; andranno di vigore in vigore, il Dio degli dei sarà visto in Sion» (cfr. Sal 84,8).

Ma voi dite forse che le vostre occupazioni rivolte all'esterno vi distraggono e vi ostacolano nel progresso e nell'ascesa spirituale; cercate la pace e la quiete per portar frutti a Dio. La solitudine infatti è amica della contemplazione. Dicendo così, «avrete lo zelo per Dio, ma non secondo la conoscenza» (cfr. Rm 10,2). «Non sapete infatti quello che chiedete» (cfr. Mt 20,22). Non ascoltate me, ma ascoltate cosa vi risponde Cristo. Voi cercate di sedere alla sua destra e alla sua sinistra nel suo regno; volete sedere e riposare con chi regna, ma non volete lavorare e faticare con chi combatte. Quello che voi chiedete sarebbe la beatitudine, se tuttavia fosse anche la giustizia. Per questo, poiché non è il giusto ciò che chiedete, non sapete cosa chiedete. L'ordine infatti della giustizia esige questo: che chi vuole regnare non rifiuti di lavorare; colui che cerca la corona non si sottragga al combattimento. Lo stesso Cristo, che dovete seguire, prima di ascendere al cielo, sicuro, alla destra del Padre, si affaticò sulla terra combattendo con uomini malvagi ed empi. Vedete, fratelli: se la pace e la quiete andasse cercata in questo modo, come dite voi, nella Chiesa di Dio non sopravviverebbe nessun ordine. Gli stessi eremiti non possono sottrarsi completamente da ogni compito al punto di non occuparsi del vitto, del vestito e delle altre cose necessarie alla sopravvivenza degli altri mortali. Se non ci fosse chi ara e chi semina, chi raccoglie e chi prepara, cosa farebbero i contemplativi? Se gli apostoli avessero detto al Cristo: «Vogliamo dedicarci completamente alla contemplazione, non discorrere, non darci da fare, star ben lontani dalle contese e dalle contraddizioni degli uomini», se dunque avessero detto così a Cristo, dove sarebbero ora i cristiani?

Perciò osservate, fratelli, come il nemico, con il pretesto della pietà si sforza di condurvi a cadere nell'errore. Per gli uomini virtuosi, non è il fastidio che si deve fuggire, ma il peccato; non deve essere fuggito l'esercizio del corpo, ma il turbamento della mente. Il servo di Dio sa sia restare nella pace, mentre è occupato, sia restare senza turbamento mentre è rivolto a cose esterne; sa essere contento della sua sorte, in modo da non recedere temerariamente da una divina disposizione e da non contraddire per superbia la volontà divina. Infatti Egli è il Signore, e noi siamo suoi servi. E nella sua grande casa ha disposto un posto per ciascuno, secondo la legge che chi è stato più umile nel compito dell'amministrazione, sia più riconosciuto nel premio della retribuzione.

Ora però la tentazione del nemico non permette mai che i cuori dei miseri siano nella pace: suggerisce ai superiori di disperare di essere i prescelti, agli inferiori la rabbia della sottomissione; ai signori dice che non possono essere salvati se non tralasciano la cura di essere prescelti, ai servi dice che non sono partecipi della religione se non sono partecipi del comando. O inganno del nemico, quando cesserai? Come può l'angelo di Satana essere mascherato da angelo della luce? (cfr. 2Cor 11,14). Se il diavolo si accanisse a far desiderare gli onori di questo mondo, facilmente il suo inganno sarebbe scoperto; invece dice ai cavalieri di Cristo di deporre le armi, di non fare la guerra, di fuggire i tumulti, di ricercare il nascondimento, dimodoché, pretendendo l'apparenza dell'umiltà, possa cancellare la vera umiltà. Cosa è infatti la superbia se non disobbedire a ciò che Dio ci ha ingiunto?

In questo modo dunque, aggrediti i superiori, Satana affronta gli inferiori per sviarli: «Perché lavorate inutilmente? Perché fate tanta fatica invano? Questi uomini, che servite, vi fanno partecipi della fatica, ma non vogliono ammettervi a partecipare della fraternità. Quando i fedeli salutano i cavalieri del Tempio e quando i fedeli in tutto il mondo pregano per i cavalieri del Tempio, nessuno vi nomina, nessuno si ricorda di voi. E quando a voi tocca quasi tutto il lavoro manuale, l'intero frutto spirituale ricade su di loro. Allontanatevi dunque da questa comunità e offrite altrove il sacrificio a Dio del vostro lavoro, dove il vostro desiderio di devozione sia manifesto e fruttuoso».

Vedete, fratelli, sotto quanti aspetti sa ingannare, come si sa volgere a ogni tipo di frode: fa mormorare quelli perché sono prescelti e sono conosciuti, questi perché sono sottomessi e sono ignorati, come se non siano conosciuti da Dio quelli che non sono nominati dagli uomini. Vedete, fratelli, tuttavia il vostro tentatore in questo caso è stato sciocco: ritengo infatti che nessun uomo saggio di voi ignori che ogni virtù è tanto più certa, quanto più è nascosta. E nessun uomo di fede deve dubitare che chiunque in qualsiasi comunità si trovi tra coloro che servono il Cristo, e partecipi della fatica, diventi partecipe senza ambiguità della ricompensa. Se condividerete ciò, carissimi fratelli, e conserverete la pace della vostra comunità, il Dio della pace sarà con voi.

III

IL PESCE

L'affresco di San Bevignate ci propone un altro viaggio. Se infatti alziamo ancora gli occhi, ci ritroviamo proiettati dal deserto della Terra Santa, luogo di combattimento con l'avversario interiore e i nemici in carne e ossa, in un'altra forma di deserto: il mare. Sul «continente liquido», come ci ha abituati a considerarlo Fernand Braudel, la battaglia non è con gli uomini, ma innanzitutto con le forze potenti e a volte oscure della natura. Fra le onde quasi burrascose, popolate da pesci enormi e vivaci, avanza una galea dallo sperone arcuato a uncino verso il basso. Quattro frati marinai sono ai remi – anche se si possono scorgere i volti barbuti di due soltanto –, un altro marinaio si occupa delle vele e il pilota e le vedette scrutano l'orizzonte, dall'alto di una coffa.

Nell'ambito degli affreschi templari sopravvissuti alle tempeste della storia, la cappella di Cressac, dipinta nell'ultimo quarto del XII secolo, ci regala un'altra scena di navigazione, posta, come la nostra, sulla controfacciata. Cressac-Saint-Genis è un paesino della Charente, trenta chilometri a sudovest di Angoulême e cento a nordest di Bordeaux. Lì, nel vano interno della finestra che sovrasta la porta d'ingresso, tra san Giorgio, la principessa e il drago da una parte e l'imperatore Costantino, la Chiesa e il nemico battuto dall'altra, si scorge una nave con due personaggi a bordo che affronta altissime onde.

In quel «deserto liquido» che è il *Mare Nostrum*, il Mediterraneo, c'è spazio per i viaggiatori, i pellegrini, i mercanti, gli avventurieri, i fuggitivi, i pirati, i missionari, i marinai. Le navi che percorrevano il Mediterraneo ospitarono sia il maestro templare Ugo di Payns, sia frate Francesco d'Assisi, che in uno dei suoi viaggi per l'Oriente, imbarcatosi come clandestino per mancanza di denaro, miracolosamente sedò una tempesta.

Il pesce

Il pesce è uno dei simboli cristiani più antichi e veniva già usato nel II secolo come segno di riconoscimento durante le persecuzioni. I Padri della Chiesa hanno letto nella parola greca «pesce», 'ΙΧΘΎΣ, ἰχθύς, l'anagramma di Ἰησοῦς Χριστός Θεοῦ Υἱός Σωτήρ (Iesús CHristós THeú HYiós Sotér), che significa «Gesù Cristo Figlio di Dio Salvatore». Cristo, quindi, è il Pesce. Fin dall'epoca delle catacombe, il pesce è anche un simbolo del cristiano battezzato nell'acqua viva. Secondo la visione di Ezechiele (47,1-12), un fiume di acqua sgorga dal Tempio e si dirige a Oriente verso il mare: lì ci saranno pesci in abbondanza. Con la crocifissione di Gesù, vero Tempio, si leggerà nell'acqua che sgorga dal costato di Cristo quella escatologica che affluiva dal Tempio di Salomone. Il pesce è anche uno dei simboli eucaristici. È presente in alcune raffigurazioni dell'Ultima Cena in cui Cristo trasforma il pane nel suo Corpo e il vino nel suo Sangue.

Ci sono alcuni episodi evangelici che favoriscono questo accostamento, ma il più importante è quello in cui Gesù moltiplica per la folla presente cinque pani e due pesci e, dopo averli distribuiti, dice, con evidente riferimento al banchetto eucaristico: «Datevi da fare non per il cibo che non dura, ma per il cibo che rimane per la vita eterna, e che il Figlio dell'uomo vi darà» (Gv 6,27). Il pesce è ben presente anche nei racconti del Graal e si intreccia talvolta con la simbologia eucaristica.

A San Bevignate, come accennavo, c'è una rappresentazione dell'Ultima Cena. Si trova nella parte sinistra del coro, sopra la figura di santa Maria Maddalena. Gesù non è al centro, ma occupa l'ultimo posto a destra della tavola. Giovanni è al suo fianco e gli posa il capo sul petto. Dall'altra parte del tavolo, dalla parte di chi osserva, la piccola figura di Giuda allunga le mani per prendere il cibo che Gesù gli porge. Sulla tavola si intravedono dei pani segnati dalla croce.

Barbara Frale mi ha fatto notare che i templari avevano una particolarissima liturgia del Giovedì Santo. Il cerimoniale dell'Ultima Cena, davvero unico, ci viene descritto dagli statuti del Tempio. La sera del Giovedì Santo tutti i templari si devono recare in chiesa. I preti devono lavare l'altare e poi cospargerlo con vino e acqua («jeter vin et aigue»). Quindi tutti i frati devono adorare e baciare l'altare, e ognuno deve bere un po' del vino mescolato con acqua che vi è stato sparso. Per finire, tutti devono cantare le preghiere di compieta (Art. 348). Grazie allo storico Jean Richard, maestro degli studi sull'Oriente latino, ho potuto affiancare questa liturgia al rito del Giovedì Santo officiato dai cristiani di Cipro, in cui si usa del vino per lavare gli altari. È molto probabile che i templari, che a Cipro avevano dovuto trasferire la loro casa madre in seguito alla perdita di Acri nel 1291, avessero assimilato e importato in Europa una liturgia orientale. Ma abbiamo un altro importante elemento che ci aiuta a capire le ragioni di un simile rito. Nel 1272 il maestro del Tempio Thomas Bérard e altri inviano in Inghilterra, da Acri, numerose reliquie tra le quali una parte «de mensa Domini», cioè un frammento della tavola usata nell'Ultima Cena. Questa coincidenza mi ha fatto pensare che la particolare liturgia templare del Giovedì Santo sia stata creata appositamente per venerare proprio quella reliquia, in quanto il giorno dell'Ultima Cena l'altare con l'acqua e il vino doveva far memoria della santa tavola. Quanto al sangue di Cristo, i templari ne conservavano una fiala presso il Tempio di Londra, accanto alla spada che nel 1170 uccise san Tommaso Becket nella cattedrale di Canterbury. Inoltre, secondo il cronista benedettino Matteo Paris, il custode dell'ampolla con il sangue di Gesù che il patriarca di Gerusalemme inviò nel 1247 al re d'Inghilterra Enrico III fu un templare.

Il «mantello intriso di sangue» di cui è avvolto il cavaliere dell'Apocalisse rimanda a un'altra reliquia della Passione: la

Sacra Sindone, il telo intriso di sangue che avvolse il corpo di Cristo morto: la reliquia più preziosa di tutta la cristianità. C'è un filo sottile che porta il sudario di Gesù da Gerusalemme a Edessa, da Edessa a Costantinopoli, nel tesoro dell'imperatore, e da lì, dopo un silenzio di quasi centocinquant'anni, fino a Lirey, nell'Aube, a soli venti chilometri da Troyes. Nel XV secolo passò dalla famiglia Charny ai Savoia, che la custodirono prima a Chambéry poi a Torino, dove si trova ancor oggi. Stando all'esame del carbonio 14 cui la Sindone venne sottoposta, il telo dovrebbe risalire al XIII-XIV secolo, tuttavia gli studiosi hanno evidenziato alcuni importanti elementi che portano invece la reliquia più indietro nel tempo, proprio al I secolo. La questione della datazione è tutt'altro che chiusa, così come è ancora aperta la questione di come si sia potuta formare quella mirabile immagine.

Ma torniamo ai nostri templari. Sono stati loro a custodire la Sindone dopo la conquista di Costantinopoli del 1204 a opera dei crociati? L'idolo barbuto che, secondo le accuse di Filippo il Bello, i templari adoravano in gran segreto era forse quello «ritratto» nella Sindone? Questa è l'antica tesi di Ian Wilson, che Barbara Frale ha di recente corredato di alcuni importanti tasselli. Che i templari conoscessero l'immagine dell'«uomo della Sindone» è un fatto accertato: bastano a dimostrarlo il disegno sul pannello ligneo trovato a Templecombe nel Somerset e i sigilli dei maestri provinciali del Tempio in Germania nella seconda metà del Duecento. È anche molto probabile che i templari abbiano potuto custodire la Sacra Sindone per un certo periodo provvedendo a trasferirla in Occidente. La presenza della Sindone presso il Tempio è avvalorata da tre deposizioni templari, che Barbara Frale ha selezionato da una notevole mole di carte processuali. Si tratta di due deposizioni, tratte dal processo di Carcassonne, il cui manoscritto era rimasto pressoché inutilizzato perché di difficile lettura, e di una testimonianza fatta al processo di Parigi. Prima di entrare nel dettaglio, occorre fare due precisazioni. L'ostensione della Sindone, nota la Frale, avveniva sia per esteso, sia piegandola numerose volte in modo che emergesse e risultasse visibile il solo volto. Inoltre, la caratteristica dell'uomo della Sindone è la mancanza dell'aureola. Questo aspetto, non permettendo di identificare subito quell'immagine come quella di un santo, poteva creare confusione in chi la osservava.

Dalle deposizioni dei tre templari – Guillaume Bos, Arnaut Sabbatier e Jean Taylafer – si deduce che il presunto idolo aveva le sembianze di un uomo, che l'immagine era difficile da decifrare, che era di un solo colore, nero o rossastro, e che le dimensioni del volto corrispondevano a quelle di un volto umano. Guillaume Bos, alla domanda su «chi fosse la figura rappresentata lì sopra, rispose che era talmente stupefatto di quanto gli facevano fare che poté vederlo a malapena, né riuscì a distinguere chi fosse la persona rappresentata in quel disegno: gli pareva però che fosse fatto come di bianco e di nero, e lo adorò». Il templare Arnaut Sabbatier disse che gli fu mostrato «un certo lino che aveva l'immagine di un uomo, che adorò baciando tre volte i piedi». Secondo il templare Jean Taylafer, l'idolo aveva la forma di una testa, ma non sapeva dire di cosa fosse fatto anche perché lo vedeva da lontano. Tuttavia gli sembrava che quell'effigie recasse l'immagine di un volto umano, di una tinta che gli pareva rossastra, anche se non poteva dire se fosse o meno dipinta, ma era certo che avesse le dimensioni di una testa umana. Che quell'effigie misteriosa fosse la Sindone è un'ipotesi allettante, visto che i templari erano fra i più accreditati cercatori e possessori di reliquie del tempo. Le tre testimonianze che Barbara Frale ha avuto il merito di proporre all'attenzione degli studiosi ci inducono senz'altro a riaprire il caso.

Il maestro Jacques de Molay, dopo l'arresto, per anni chiese insistentemente di poter parlare di persona al papa, che era il suo superiore. Ciò gli fu sempre negato, e Jacques si chiuse in un ostinato silenzio, rotto solo in occasione della condanna sul rogo. Ci si è sempre chiesto il motivo di questo silenzio. Se dati futuri confermeranno la presenza del sacro telo nelle case del Tempio, si potrebbe addirittura pensare che il maestro in quell'incontro avesse intenzione di svelare al papa che la Sacra Sindone, il Mandylion imperiale, era finalmente stato ritrovato.

Per ora, i ricchissimi inventari del castello di Peñiscola ci assicurano che i templari, fra le innumerevoli reliquie, conservavano anche una stoffa rossa, un lembo della «tunica del Signore». Rossa, come il mantello di Cristo giudice che siede in trono nell'affresco di San Bevignate.

Torniamo ai nostri pesci e alla nostra nave. Cristo è anche colui che insegna a Simon Pietro e a suo fratello Andrea a diventare «pescatori di uomini» (Mt 4,19; Mc 1,17). La nave, già dalla fine del II secolo, è simbolo della Chiesa. Cristo è il comandante, la prua è a Oriente. Inoltre, l'albero della nave è visto come la croce di Cristo che porta al cielo. Infine, la Chiesa viene anche definita «la nave di Pietro».

I templari e le ampolle della Vergine di Saydnaya

Nel tesoro di Peñiscola, oltre alla reliquia di san Bevignate e alla tunica del Signore ho trovato traccia di un'altra importantissima reliquia. Ecco la scritta a corredo:

> Item unam capciam veterem de vorio, in qua est ... unam ampuletam cum modico olei de cerdenay. ... Item unum conservatorium de corio in quo est de oleo de çardanay.

La frase si può tradurre così:

> Poi una vecchia cassa d'avorio in cui si trova ... una piccola ampolla con un poco di olio di Saydnaya. ... Poi un contenitore di cuoio in cui c'è dell'olio di Saydnaya.

Di che si tratta? Per scoprirlo, vi invito a salire sulla nave e ad ascoltare una storia.

C'era una volta un'icona miracolosa della Vergine Maria, che un patriarca portò da Costantinopoli a Gerusalemme. Da lì, una badessa la portò nel suo monastero a Saydnaya, una cittadina a circa trenta chilometri a nordest di Damasco. Ma nella versione araba la storia, come scrive Laura Minervini, suona così: c'era una volta nel convento di Saydnaya una badessa di nome Marina. Un giorno giunge al convento il monaco Teodoro e la badessa gli chiede se, una volta arrivato a Gerusalemme, può portare a Saydnaya un'icona della Vergine. Il monaco accetta, ma una volta raggiunta Gerusalemme si dimentica della promessa. Una voce celeste glielo ricorda. Si affretta ad acquistare un'icona della Vergine, dipinta su una tavoletta lignea e si mette in viaggio per Saydnaya. Teodoro subisce due assalti: il primo da parte dei briganti e il secondo da parte di un leone, ma in entrambi i casi viene salvato miracolosamente dall'icona. Allora, visti i suoi poteri miracolosi, il monaco decide di tenerla per sé. Raggiunto il porto di Acri, s'imbarca, ma la nave si imbatte in una terribile tempesta. Teodoro vuole liberarsi dell'icona gettandola in mare: una voce lo ferma e subito le acque si placano. Una volta a terra, il monaco è nuovamente deciso a portare l'icona alla badessa Marina e così giunge al convento. Ma la badessa non lo riconosce. Teodoro, allora, vuole approfittarne per uscire dal convento con l'icona, che nel frattempo ha cominciato a emanare un liquido oleoso. Per tre giorni vaga invano per il monastero cercando l'uscita; rifiuta cibo e acqua finché non si decide a farsi riconoscere dalla badessa Marina. Le consegna l'icona, le racconta la sua avventura e finisce per restare in convento. L'icona miracolosa viene posta nel vano di una finestra e da lì continua a emettere un olio profumato e taumaturgico. Era l'anno 1212 dell'era di Alessandro, ovvero il nostro 900. Dimenticavo: alla morte di Marina e di Teodoro, un vescovo vuole spostare l'icona, ma, con l'arrivo di un terremoto e la terribile morte del vescovo avvenuta dopo tre giorni di agonia, tutti decidono di lasciare l'icona dov'era. Tra le varianti di questo racconto, il monaco è un mercante e l'icona serve alla fondazione del monastero.

Nel XII secolo appaiono le prime versioni occidentali di questa magnifica storia, e presso il monastero greco-melchita di Nostra Signora di Saydnaya, incuneato in un territorio posto sotto l'autorità musulmana, arrivano in preghiera, oltre ai cristiani d'Oriente, anche numerosissimi musulmani. Essi non solo danno il permesso di visita ai cristiani provenienti da altre regioni, ma partecipano con grande devozione alla festa dell'Assunzione di Maria, il 15 agosto: così racconta Burcardo di Strasburgo nel 1175.

Addirittura, nella *Cronaca* di Arnoldo di Lubecca († 1212 circa) si dice che l'olio ha liberato da varie malattie cristiani, musulmani ed ebrei. Secondo la *Cronaca* attribuita ad Alberico di Trois Fontaines (XIII secolo), l'emiro di Damasco aveva perso un occhio e a Saydnaya recuperò la vista, perciò, fino al tempo di Saladino, lui e i suoi successori si impegnarono a donare sei misure d'olio al monastero. Soggiunge che, oltre alla festa dell'Assunzione, i musulmani festeggiavano con i cristiani anche la festa della Natività di Maria, a settembre. Anche il cristiano copto Abu al-Makarim, nella sua *Storia delle chiese e dei monasteri* (1171-1210), scrive che, secondo un prete di Saydnaya, alle feste di Maria giungevano quattro o cinquemila «cristiani, musulmani, nestoriani, melchiti, siriani e altri». Lo storico Benjamin Z. Kedar, attento indagatore degli sprazzi di convergenza e sintonia fra le tre religioni figlie di Abramo nel Medioevo, cita anche altri esempi occidentali, tra cui il continuatore della cronaca di Guglielmo di Tiro e il pellegrino Tietmaro, che fu in Terra Santa nel 1217.

Ma finalmente a Saydnaya arrivano anche i nostri templari. Il pellegrino Guy Chat e il signore di Montbrun, Aymeric Brun, fondatore del monastero di Altavaux nella Haute-Vienne, intorno al 1178, si recano a Gerusalemme. Lì incontrano il templare Gautier de Marangiers, il quale, tornando dalla prigionia a Damasco, era passato dal monastero di Saydnaya, dove aveva preso delle ampolle di olio miracoloso. Aymeric acquista quell'olio e nel 1186 lo fa portare da Guy Chat alla chiesa di Santa Maria di Altavaux. Quell'olio, ci racconta Guy Chat, aveva una storia speciale: c'era una volta a Saydnaya una donna eremita che chiese a un mercante di comprare per lei un'icona della Vergine a Gerusalemme. Sulla strada, l'icona gli parlò due volte, per dirgli di abbandonare la nave e per assicurargli che i briganti saraceni non sarebbero riusciti a catturarlo. Arrivato a Saydnaya, il mercante cercò di tenere l'icona per sé, ma una voce si levò nuovamente e gli intimò di consegnare l'immagine sacra alla donna siriana la quale, per paura dei saraceni, nascose l'icona in un luogo sotterraneo e lì la venerava. L'icona quindi cominciò a diventare carne, a partire dall'ombelico, mentre dai seni emetteva un liquido oleoso. Per onorare questo miracolo, scrive Guy Chat, i cristiani siriani costruirono una chiesa e i saraceni permisero a tutti i cristiani di visitarla. Matteo Paris e Gautier de Coincy († 1238) sono tra i testimoni di questo «sacro commercio» delle ampolle di olio di Saydnaya affidato ai templari.

Un racconto latino in prosa e una versione in francese antico in rima della fine del XII secolo concordano nel darci un'altra preziosa informazione. Secondo un manoscritto che si troverebbe nella biblioteca del monastero di Saydnaya, anche i musulmani venerano l'icona miracolosa la cui autenticità è attestata «dai priori dei templari e da molti altri uomini religiosi, sia chierici che laici, sia latini che tedeschi, che hanno visto con i loro occhi e toccato con le loro mani»; in francese: «Così testimonia maestro Thomas che del Tempio fu cappellano». Anche il poema detto *Miracle de Sardenai* nomina il maestro Thomas, cappellano del Tempio. E un anonimo del XIII secolo dice che frate Thomas ha toccato l'icona con un dito e che i frati del Tempio vanno a pregare a Saydnaya durante le tregue con i musulmani e portano nelle loro case il liquido emanato dall'icona di carne.

Ancora oggi il monastero siriano di Saydnaya è un'importante meta di pellegrinaggio sia per i cristiani di ogni rito sia per i musulmani. Da secoli testimonia la capacità dei figli di Abramo di convivere pacificamente, da fratelli. Purtroppo, ora la Siria è teatro di una terribile guerra civile e nel gennaio 2012 il monastero è stato oggetto di un attentato terroristico: una granata ha attraversato il muro di una stanza, ma, miracolosamente, non è esplosa.

Torniamo ai nostri templari: finora non avevamo trovato alcuna traccia dell'olio della Vergine di Saydnaya nelle magioni del

Tempio, mentre ora ne sono riemersi ben due contenitori nel tesoro di Peñiscola, accanto alla reliquia ritrovata di san Bevignate.

Le sante ampolle ci avvicinano agli affreschi di San Bevignate per un altro motivo: nel 1240 il vescovo di Marsiglia, Benedetto di Alignan († 1268), si reca a Santa Maria di Saydnaya con un salvacondotto del signore di Damasco, as-Salih Ismail. Secondo Benjamin Kedar, vista l'alleanza che i templari avevano stipulato con il sultano Ismail, si può pensare che siano stati proprio i frati cavalieri a far ottenere il salvacondotto al vescovo. L'alleanza col sultano di Damasco determinò anche la ricostruzione del castello templare di Safed. E ciò ci riporta agli antefatti della battaglia di Nablus avvenuta solo due anni dopo e affrescata a San Bevignate, secondo Francesco Tommasi. Infatti l'attacco a Nablus avvenne perché i templari non vollero accettare la nuova politica di Thibaut IV conte di Champagne e di Riccardo conte di Cornovaglia, i quali, sobillati dagli ospitalieri, preferirono venir meno all'accordo con il signore di Damasco in favore di quello con il sultano d'Egitto.

I poveri templari

I templari erano poveri. Erano poveri per scelta, e lo sappiamo perché la regola menziona la loro «spontanea paupertas», povertà volontaria. Lo erano per vocazione religiosa, perché avevano fatto voto di povertà perpetua. Erano forse anche piuttosto poveri di nascita, almeno all'inizio, o meglio, appartenevano perlopiù alla *middle class*, come diremmo oggi.

Visto che le parole nel corso del tempo cambiano spesso significato, dobbiamo spiegare che cosa voleva dire «povertà» nel Medioevo dopo l'anno Mille. Intanto, «povertà» non significa pura indigenza, privazione dei beni materiali. Povero, nel Medioevo, è piuttosto chi è indifeso, disarmato: i bambini, gli anziani, i malati, chi si trova in una situazione di profondo disagio, chi non ha potere e, infine, chi non ha mezzi materiali. Nel Medioevo e, come vedremo, anche nella regola templare, al povero non si oppone tanto il ricco, ma il potente. Il povero della nostra società mi sembra che assomigli al povero del Medioevo, perché è la persona indigente, ma anche chi per cultura, classe sociale, ambiente, perde la dignità e la coscienza della propria funzione e del proprio valore nella società.

Ma la povertà è anche una dimensione dello spirito, è una parola il cui significato profondo va cercato innanzitutto nei vangeli. La scelta di povertà è una dichiarazione di rovesciamento dei valori tradizionali, perché il povero è il vero re, è il vero potente, colui che possiede il regno dei cieli: «Beati i poveri in spirito, perché di essi è il regno dei cieli» (Mt 5,3).

In una società come quella del XII-XIII secolo – che vede il sorgere della borghesia, lo sviluppo dei commerci e della finanza, la nascita delle università, il trasferimento dalla campagna alle città – non si poteva che assistere a un'evoluzione del concetto di povertà, sia materiale sia spirituale ed esistenziale. Sarebbe interessante confrontare passo passo la «spontanea paupertas» dei templari con quella del Poverello d'Assisi e di santa Chiara. Per ora mi limito a dire che, dopo il tabù del sangue, i templari nel XII secolo si trovarono ad affrontare anche il tabù del denaro, proprio della nuova società, ma su questo non appaiono altrettanto rivoluzionari. È anche vero che si trattava di «poveri cavalieri», e quindi la loro vocazione fu quella di rinnovare la cavalleria e non la finanza e i commerci.

Tuttavia, un elemento di forte novità fu quello di accogliere il povero della tradizione monastica e di reinterpretarlo alla luce della realtà sociale specifica della Terra Santa, che vedeva arrivare molti «poveri pellegrini». Inoltre, se rileggiamo la regola, notiamo che la cura del povero di matrice monastica, e benedettina in particolare, si coniuga perfettamente con la difesa del povero propria della *mission* del cavaliere (vedi il Prologo della regola):

> In lei [nell'esperienza templare], infatti, rifiorì e riprese vita l'ordine cavalleresco che, abbandonato lo zelo per la giustizia, non lottava più per la difesa dei poveri e delle chiese, che era il suo compito specifico, ma si dava alla rapina, al saccheggio e all'omicidio.

In sostanza, il «povero» come immagine di Cristo, tipica del monaco, si sovrappone al «povero» (leggi anche: «principessa», «pellegrino», «anima del cavaliere» ecc.) che il cavaliere deve difendere dagli attacchi del nemico (leggi: «drago», «brigante», «diavolo» ecc.).

L'attenzione al povero come figura di Cristo fu centrale nella regola e negli statuti, e ciò malgrado il Tempio non sia mai stato un ordine ospitaliero. La regola adotta la contabilità dell'assistenza: per esempio, ogni volta che un frate muore occorre dare da mangiare e da bere per quaranta giorni a un povero (Art. 2); ma non di più, si affrettano a precisare i Padri del concilio di Troyes. Infatti proibiscono rigorosamente ogni altra beneficenza, che i poveri compagni di battaglia di Cristo erano soliti fare in modo smisurato ed eccessivo quando moriva un fratello, a Pasqua o in altre festività. Se a morire è un frate a termine, cioè un cavaliere che diventava templare solo per un certo periodo, allora si deve mantenere un povero per sette giorni (Art. 4). Dopo pranzo e dopo cena, dice la regola, si distribuiscano i resti del pane ai servi e ai poveri, e comunque all'elemosinario si deve dare ogni giorno la decima parte di tutto il pane, benché sia chiaro che il premio della povertà consiste nel regno dei cieli (Art. 14). I vestiti dismessi vanno distribuiti agli scudieri, ai familiari e anche ai poveri (Artt. 19 e 23).

La regola si occupa anche dei «poveri cavalieri». Spiega che i frati cavalieri possono disporre solo di tre cavalli, a causa della grande povertà della casa (Art. 29). Devono inoltre porre molta attenzione a evitare la rabbia e l'ira, perché tutti i frati, tanto i poveri quanto i potenti, sono stati egualmente vincolati da Dio con un legame di fraternità (Art. 51).

Negli statuti, i poveri ricompaiono in una liturgia importantissima, quella del Giovedì Santo, in cui Cristo lava i piedi ai discepoli. Per i templari, è il maestro, non il cappellano, che lava i piedi a tredici poveri (Art. 98). Il Tempio non manca di mostrare che il capo dell'ordine religioso dei templari è un laico, proprio come avveniva nei primi secoli del monachesimo, prima che tutti gli ordini monastici si clericalizzassero. Si riferisce all'episodio evangelico una croce di bronzo, miracolosa, che i templari custodivano ad Acri. Secondo la tradizione, era stata ottenuta dalla fusione del catino nel quale Gesù aveva lavato i piedi ai suoi discepoli. Il calco in cera della croce aveva il potere di calmare le tempeste. Secondo la deposizione al processo del notaio Antonio Sicci di Vercelli, che era stato al servizio del Tempio in Oriente per circa quarant'anni, la croce proveniva, in realtà, da una tinozza dove Gesù si era semplicemente bagnato. La croce aveva il potere di guarire gli indemoniati e portava la pioggia in caso di siccità: quando occorreva, un cavaliere templare la portava in processione a fianco del patriarca di Gerusalemme. È attestato, quindi, come i templari osservassero con grande cura e originalità la complessa liturgia del Giovedì Santo.

In Terra Santa il povero veniva naturalmente associato al pellegrino, il cui *status* garantiva l'inserimento, diremmo oggi, in una «fascia protetta». La regola contempla in questa «fascia protetta» anche anziani e malati. La speciale «elezione» dei malati originava da Cristo stesso. Il capitolo 49 della regola, come già la regola benedettina, ricorda infatti le parole di Gesù (cfr. Mt 25,36): «Ero malato e mi avete visitato». I templari devono quindi curare e assistere i malati «quasi Christo», come se fossero Cristo stesso.

Se il voto dell'obbedienza serviva per combattere e pregare, potremmo dire che il voto di povertà serviva ai templari come bussola per agire nella società.

Tutto ciò rimase comunque confinato, nella pratica e nella teoria, alla coscienza del singolo. La povertà restava una scelta spontanea, volontaria ma perenne, del singolo, mentre l'ordine come istituzione poteva ricevere beni di ogni sorta e farli fruttare, poteva prestare soldi o riceverne in pegno, commerciare per mare e per terra, scambiare, accumulare, conservare, prestare, raccogliere, spendere, donare. Il «povero cavaliere di Cristo e del Tempio di Salomone» era povero nel senso più ampio del non poter disporre né di beni propri, né di doni, né della scelta del cavallo o delle armi, ma neppure della propria volontà, come si deduce dagli statuti (Art. 661):

> È difficile che ti capiti di fare ciò che vuoi: se vorrai restare al di qua del mare, ti manderanno al di là del mare; se vorrai restare ad Acri, ti si manderà a Tripoli o ad Antiochia o in Armenia; oppure in Puglia o in Sicilia o in Lombardia, o in Francia o in Borgogna o in Inghilterra o in altri paesi dove abbiamo case e possedimenti; se vuoi dormire, dovrai stare sveglio e se vorrai vegliare, ti si dirà di andare a riposare nel tuo letto.

La scelta di povertà era una scelta sincera, irrevocabile e importante. A chiarircelo, con la consueta efficacia, è san Bernardo in una lettera all'amico Ugo, conte di Champagne e grande feudatario del regno di Francia, il quale, nel 1125, aveva rinunciato a tutto per farsi templare: «A causa di Dio, da conte sei divenuto cavaliere e da ricco sei divenuto povero» (Ep. 31). Diventare templare, per un membro della nobiltà, costituisce una vera perdita sociale ed economica.

Povertà individuale, dunque, ma ricchezza dell'ordine. E infatti i Padri conciliari concedono ai templari il privilegio delle decime, poiché, abbandonate tutte le ricchezze, si sono assoggettati spontaneamente alla povertà e vivono in comune (Art. 63).

Il Tesoro dei poveri templari

> Vendete ciò che possedete e datelo in elemosina, fatevi borse che non invecchiano, un tesoro sicuro nei cieli, dove ladro non arriva e tarlo non consuma. Perché, dove è il vostro tesoro, là sarà anche il vostro cuore. (Lc 12, 33-34).

Quanto ai singoli templari, possiamo dire che il loro tesoro fu senz'altro riposto nell'ordine. Nel Medioevo, il «tesoro» di una casata o di un ordine religioso non è un baule pieno di monete d'oro, ma ciò che fonda e costituisce il prestigio di quella famiglia o di quella comunità. La prima volta che mi imbattei in un vero «tesoro» fu quando, per la tesi di laurea, studiavo – sotto la guida del mio maestro, Giuseppe Billanovich, insigne filologo e umanista – la storia della biblioteca dei Visconti-Sforza, che raccoglieva parte dei libri di Francesco Petrarca. Quel patrimonio finì poi, dopo varie peripezie, per formare una delle basi più solide della biblioteca dei re di Francia, oggi Bibliothèque nationale de France. Ebbene, ricordo ancora con quanto stupore trovai, elencato accanto ai preziosi manoscritti e ai documenti d'archivio, un braccio della Maddalena, le spine della corona di Cristo, gli occhiali e il berretto di san Bernardino da Siena, e inoltre il corno di un unicorno, un dente di balena e l'orologio di Giovanni Dondi, amico di Petrarca, che verrà poi chiamato, per la sua straordinaria impresa meccanica, «Dondi dell'Orologio». Quell'insieme di oggetti apparentemente incommensurabili costituivano un vero e proprio tesoro, apprezzato da tutti coloro che lo visitarono.

Il tesoro del Tempio era vario, vasto e «viaggiante». I vascelli e le navi del Tempio, o quelle noleggiate ai mercanti italiani, solcavano il Mediterraneo per portare uomini, beni, cavalli, soldi e tutto ciò che era necessario a sostenere l'Oriente. E per riportare in Europa i pellegrini, i frati anziani o malati, i dignitari e, naturalmente, le preziose reliquie.

L'economia dei templari rispondeva, infatti, a un unico principio: sfruttare al massimo le risorse dell'Occidente e provvedere così ai bisogni dell'ordine in Terra Santa. In pratica, come dice Demurger, i templari attuarono una sorta di colonizzazione al contrario, sfruttando le ricchezze dell'Occidente a beneficio dell'Oriente!

Il commendatore della terra di Gerusalemme è anche il tesoriere dell'ordine e gestisce «tutti i beni della casa, qualunque sia la loro provenienza, al di qua o al di là del mare» (tranne che gli animali e le armi, che vengono affidati al maresciallo). Sotto di lui, il commendatore della volta di Acri ha la responsabilità dei rapporti con l'Occidente e con la flotta templare. In seguito il tesoriere del Tempio diventerà una figura autonoma. Il tesoro centrale del Tempio veniva custodito nella casa madre, cioè prima a Gerusalemme (perduta nel 1187), poi ad Acri (perduta nel 1291), infine a Limassol, nell'isola di Cipro.

Quali erano i beni dei templari? Come li ottenevano? E come li gestivano? Fra le entrate fisse vanno annoverate la decima, tutte le rendite, la riscossione delle bannalità (cioè le tasse sull'uso di forni, mulini, frantoi...) il bottino e le ingenti donazioni, che provenivano sia da principi ed ecclesiastici sia da singoli; il resto dei beni derivava da un'accurata e razionale gestione del patrimonio, terriero e finanziario. I templari decisero di gestire direttamente i terreni da sfruttare, oppure, a seconda dell'efficacia, di affittarli in parte, con il sistema della signoria. I metodi e le scelte fatte tenevano sempre conto delle caratteristiche e delle potenzialità del luogo, e la cura e l'attenzione che i «poveri cavalieri» mettevano anche nelle nuove tecniche agricole e nelle innovazioni tecnologiche permisero loro di ottenere grandi profitti. Dalle loro numerosissime magioni – c'è chi gliene attribuisce ben novemila – situate soprattutto in Italia, in Francia, nella Penisola iberica, in Gran Bretagna e nelle terre dell'Impero, ricavavano prodotti agricoli, ma gestivano anche allevamenti di cavalli, muli, buoi, ovini. Inoltre producevano generi alimentari e articoli d'artigianato. I templari avevano organizzato la loro immensa rete di case, di commende e, per l'Oriente e la Penisola iberica, di castelli, secondo una precisa gerarchia e una ferma politica amministrativa. Le case si raccoglievano attorno a una commenda, più commende formavano un baliato e più baliati formavano una provincia, affidata a un maestro o a un commendatore. In Occidente c'erano una decina di province e in Oriente quattro. I templari dissodarono terreni e crearono nuovi villaggi, costruirono chiese, case e castelli, acquistarono mulini e vascelli, e in tutto ottennero un grande successo, perché avevano negli occhi una Terra e una Città che si aspettava molto da loro: la sopravvivenza. Il loro obiettivo andava molto al di là della semplice autosufficienza cui aspiravano tante comunità religiose in Europa. Ancora una volta, in Oriente c'era bisogno di loro! E loro risposero all'appello usando tutte le capacità, anche quelle imprenditoriali, in ogni campo.

E qui non possiamo passare sotto silenzio alcune frasi fatte sui templari: «geni della finanza», «banchieri d'Occidente» ecc.

Niente di tutto questo. Sappiamo che i templari non aspirarono mai all'alta finanza, che lasciarono piuttosto a banchieri e mercanti italiani. Certo, dovettero comunque gestire molti soldi e beni, propri e altrui. Custodi dei pellegrini, «custodi del letto del vero Salomone», come li definiva san Bernardo, custodi del sonno di molti pontefici, i templari senz'altro assicuravano la custodia di denaro o di preziosi depositi. La loro affidabilità «economica» meritava, per usare gli odierni criteri di giudizio, una tripla A.

Deposito, trasporto, prestito, cambio: erano queste le principali operazioni finanziarie che gestivano i tesorieri templari. Con quali finalità? Essenzialmente far giungere in Oriente le *responsiones*, cioè all'incirca un terzo delle entrate delle case occidentali dell'ordine.

Oltre al tesoro centrale, il Tempio si dotò di altre sedi distaccate: a Parigi, a Londra e anche a Tomar, in Portogallo, o a Monzón, in Aragona, per esempio. A Parigi e a Londra i templari custodivano parte del tesoro dei re. Infatti, Filippo Augusto ed Enrico II fecero depositare una parte del loro tesoro presso il Tempio. E lì rimase fino all'arresto dei templari e alla confisca dei loro beni. (Anche se per un breve periodo, dal 1295 al 1303, Filippo il Bello tolse il suo tesoro dal Tempio per affidarlo ai celebri banchieri senesi, i fratelli Albizzo e Ciampolo detto Musciatto, soprannominati «Biche» e «Mouche», che lo conservarono in una torre del Louvre.) Oltre al tesoro dei re, i templari gestivano anche molti altri conti privati, avevano, per così dire, numerosi clienti per i quali effettuavano anche altre operazioni: il prestito, sia di grosse somme a potenti laici o ecclesiastici, sia di piccole somme ai loro vicini, il cambio, il trasporto. Il trasporto poteva avvenire sia fisicamente sia virtualmente, e in questo caso il cliente-pellegrino depositava ai templari d'Occidente i soldi che, al netto delle spese per l'operazione bancaria e per il cambio, avrebbe poi riscosso dai templari al suo arrivo in Oriente.

Molto spesso i templari si servivano di intermediari italiani, per il noleggio delle imbarcazioni o per veri e propri prestiti. Gli uni si fidavano degli altri: entrambi viaggiavano tra Oriente e Occidente e spesso anche combattevano fianco a fianco. Il complesso legame che saldava gli interessi di mercanti, repubbliche marinare e ordini religioso-militari richiederebbe un ulteriore approfondimento. Mi limito per ora a ricordare quella frase sibillina che i templari scrissero vicino alla preghiera per la guarigione dei cavalli e che significava più o meno che all'origine degli ospitalieri c'erano i mercanti di Amalfi. I templari avevano ragione: il loro ordine gemello, oggi conosciuto come ordine di Malta, nacque proprio dall'iniziativa di alcuni mercanti amalfitani, che nella seconda metà del X secolo ebbero il permesso di costruire un ospizio per pellegrini nell'area del Santo Sepolcro. Da questo luogo, dedicato prima a san Giovanni l'elemosiniere e poi a san Giovanni Battista, si sviluppò l'ordine ospitaliero, il cui primo priore fu il beato Gerardo di Amalfi. Venne riconosciuto dal papa nel 1113 come congregazione religiosa autonoma, e probabilmente in quegli anni accolse, come donati, alcuni dei futuri templari. Nel corso del XII secolo, alla fine degli anni Trenta, anche i frati ospitalieri cominciarono a combattere, divenendo in breve – benché la loro regola originaria non lo prevedesse esplicitamente – un ordine religioso-militare di Terra Santa di importanza comparabile a quella dei templari.

Con la fine del Tempio, pochi giorni prima che i templari di Francia venissero arrestati per ordine di Filippo il Bello, il giorno venerdì 13 ottobre 1307, spuntò un vero e proprio tesoro, un po' come ce lo figuriamo noi oggi: una cassetta piena di monete d'oro e d'argento. Era il patrimonio che frate Ugo di Payraud, ispettore di Francia, aveva consegnato al commendatore di Dormelles e Beauvoir, vicino a Fontainebleau. Nel settembre 1307 il commendatore aveva ritenuto opportuno affidare quel tesoro a un pescatore di Moret-sur-Loing, a pochi chilometri da Dormelles, che tenne la cassetta sotto il letto per un po', prima di decidersi a consegnarla agli agenti del re. Era denaro di Ugo di Payraud? Era stato sottratto al tesoro di Parigi da chi sapeva, forse, che una vera tempesta si stava abbattendo sul Tempio? Consegnandola a Dormelles e poi a un pescatore di Moret, un paese alla confluenza del Loing con la Senna, Ugo e il commendatore pensavano forse di poterlo utilizzare in caso di fuga? È una piccola storia di un piccolo tesoro che ci riporta alla fine dei quattro principali dignitari del Tempio, Jacques de Molay, Geoffroy de Charney, commendatore di Normandia, Geoffroy de Gonneville, maestro di Aquitania e del Poitou, e il nostro Ugo di Payraud. Nel marzo 1314, tutti e quattro vengono convocati a Parigi dalla commissione e viene loro comunicata la sentenza di ergastolo. Ma dei quattri dignitari, solo due si oppongono, guadagnando il rogo: Jacques de Molay e Geoffroy de Charnay; mentre il Gonneville e il Payraud preferiscono tacere. Quest'ultimo, tornato in prigione, dovrà anche rispondere di quel suo tesoretto...

A Parigi, in quell'11 o 18 marzo 1314, su un isoletta all'estremità dell'Ile de la Cité, dove era stato approntato il rogo, c'era, secondo il racconto di Giovanni Boccaccio († 1375), anche suo padre, Boccaccino di Chellino Bonaiuti di Certaldo, che si trovava all'estero per affari, come agente di cambio in società con il fratello Vanni. Il suo nome, «Boccassin Lombart changeur», figurava nel marzo del 1313 in un atto di Filippo il Bello come residente a Parigi nella parrocchia di Saint-Jacques. Proprio in quell'anno nasceva il figlio Giovanni. Nel IX libro del *De Casibus*, Boccaccio racconta la tragica vicenda dei templari sostenendo appunto di attingere a una fonte attendibilissima: il padre. In realtà, come ebbe modo di scoprire Giuseppe Billanovich, il superteste del Boccaccio era piuttosto la *Cronica* di Giovanni Villani!

Qual è la vera religione?

Come detto, san Francesco si imbarcò più volte per l'Oriente, e in un caso giunse anche a sedare la tempesta che avrebbe potuto far naufragare la nave. Finalmente nel 1219 riesce a raggiungere il campo crociato di Damietta, una città portuale sul delta del Nilo che i crociati stavano assediando. Quando non era in corso nessuna tregua, e quindi nelle condizioni più rischiose, Francesco chiese e ottenne il desiderato colloquio con il sultano d'Egitto al-Malik al-Kamil, nipote del Saladino. L'anno dopo, in una lettera a papa Onorio III, il vescovo di Acri, Jacques de Vitry, scrisse che il sultano aveva chiesto in segreto a Francesco di pregare Dio perché lo ispirasse a scegliere la religione migliore.

Secondo Boccaccio, la stessa domanda l'aveva rivolta il Saladino all'ebreo Melchisedech, come narra la voce di Filomena nella terza novella della prima giornata del *Decameron*. La storia è la seguente: il magnifico Saladino aveva consumato tutto il suo tesoro e voleva ottenere un prestito. Allora convocò un ricco ebreo chiamato Melchisedech, che prestava denaro, e gli domandò – in virtù della sua saggezza – quale delle tre leggi reputasse vera: l'ebraica, l'islamica o la cristiana. Allora Melchisedech capì i rischi legati a una risposta diretta e raccontò al sultano questa «novelletta».

C'era un uomo ricco che, avendo nel suo tesoro un anello bellissimo e prezioso, decise di passarlo al figlio che, in quel modo, avrebbe designato come erede. L'anello passò così attraverso molte generazioni, finché giunse al padre di tre figli, tutti parimenti amati e tutti parimenti meritevoli. Tanto che, sentendosi avvicinare la fine, il padre decise di far fare a un maestro orafo altri due anelli talmente simili all'originale che lui stesso non riusciva più a distinguerli. Dopodiché consegnò un anello a ogni figlio. Alla sua morte, ognuno dei tre figli reclamò l'eredità mostrando l'anello come prova della scelta paterna. Essendo risultato impossibile stabilire quale dei tre anelli fosse quello vero, la domanda su chi fosse il vero erede del padre è rimasta tuttora in sospeso. E così è delle tre leggi date ai tre popoli da Dio Padre. Ognuno pensa che la propria eredità, la propria legge e i propri comandamenti siano quelli veri, ma quali siano realmente quelli veri è una questione ancora sospesa.

Allora il Saladino, ammirato dalla risposta, gli svela il suo vero intento e Melchisedech gli concede il prestito, che fu poi onorato dal sultano. I due divennero anche grandi amici.

Grazie a Gotthold Ephraim Lessing († 1716), questa favola, presente anche nella raccolta del *Novellino* ma resa celebre da

Boccaccio, passò alla cultura illuminista e alla sua idea già moderna di tolleranza. Il filosofo e drammaturgo tedesco la inserì nella pièce teatrale *Nathan il Saggio*, ambientata nella Gerusalemme del Saladino. Vedrete che, in questo viaggio nel tempo, torneremo ai nostri templari. Lessing, membro della massoneria, non esitò infatti a mettere in scena, come unico protagonista di fede cristiana, un templare, perdipiù tedesco. Qui è il saggio e ricco mercante ebreo Nathan a raccontare la storia dei tre anelli al Saladino, mentre l'astratta famiglia del padre, dei tre figli e dei tre anelli si anima, e via via, con continui colpi di scena, si identifica nei protagonisti della pièce di Lessing.

Il templare Curd, graziato dal Saladino, si innamora della figlia del mercante Nathan, che salva da un incendio. Vorrebbe sposarla, benché ebrea, ma Nathan temporeggia. Nel frattempo viene convocato dal Saladino il quale, desiderando chiedergli un prestito, gli pone il noto quesito circa la vera fede e la vera legge. Nathan gli racconta la favola dei tre anelli, cui viene aggiunta una parte. Convocato dai tre fratelli, il giudice dice loro: poiché il vero anello ha la virtù di attirare l'amore, se voi non amate che voi stessi vuol dire che il vero anello, con la sua bellissima pietra d'opale, è andato perduto. Ecco il consiglio del giudice: che ciascuno consideri il proprio anello come quello vero e, imitando l'amore del padre, si sforzi di manifestare il potere magico della pietra con la dolcezza, la cordiale tolleranza, le opere buone e si rimetta a Dio. Vi convoco tra mille volte mille anni a questo tribunale e allora un giudice più saggio di me siederà qui e pronuncerà la sentenza.

Il Saladino, soddisfatto della risposta, chiede a Nathan la sua amicizia. Nel frattempo, si scopre che in realtà Recha, la figlia di Nathan, è una cristiana adottata da quest'ultimo. Tutti si recano dal Saladino e lì si svelano gli antefatti: Curd il templare e Recha sono fratelli, figli del fratello perduto del Saladino, amico d'infanzia di Nathan, e di una donna tedesca. Alla nuova famiglia si aggiungono quindi il Saladino e la sorella, come secondi genitori adottivi di Curd e di Recha. La famiglia è ora formata da ebrei, musulmani e cristiani, proprio come la famiglia della favola.

Perché il cristiano scelto da Lessing è un cavaliere templare tedesco? Allude forse ai Templeisen, i cavalieri che nel *Parzival* di Wolfram von Eschenbach († 1220) custodivano la pietra preziosa e magica del Graal? E comunque, perché proprio un templare? Abbiamo visto che in Oriente i templari, primi tra i latini, condividevano pratiche religiose e devozioni con cristiani d'Oriente e musulmani, e abbiamo visto la prossimità dei templari con i mercanti, ma dubito che Lessing lo sapesse...

In ogni caso, i tre anelli ci riportano proprio in Oriente. Iris Shagrir ha ritrovato la prima versione dell'allegoria dei tre anelli a Baghdad. Qui, nell'VIII secolo, il patriarca Timoteo († 823), che fondò le diocesi nestoriane di Damasco e Gerusalemme, descrive in una sua *Apologia* il colloquio tenuto tra il 781 e il 782 con il califfo abbaside al-Mahdi († 785) a proposito di Gesù. La discussione verteva su come nestoriani, giacobiti e melchiti interpretassero la morte di Gesù. I nestoriani (i cristiani di Persia diffusi in Siria, Cina e India, e ora divisi tra Assiri e Caldei, questi ultimi uniti oggi alla Chiesa cattolica) credevano che in Gesù ci fossero due nature distinte, una umana e una divina. I giacobiti, di rito siriaco-antiocheno, erano «monofisiti», ritenevano cioè che la vera e unica natura di Gesù fosse quella divina. I melchiti, di rito bizantino, credevano che Gesù fosse vero uomo e vero Dio. Secondo il califfo, i nestoriani erano i più vicini alla verità, ma in ogni caso per lui nessuno di loro era nella verità quando parlava del Figlio di Dio. Probabilmente il califfo era interessato alla questione a causa del nome che gli aveva attribuito suo padre. Infatti al-Mahdi, «il ben guidato», è l'appellativo escatologico di colui che alla Fine dei tempi avrebbe combattuto contro il Dajjal, e cioè «l'impostore», corrispondente all'Anticristo, prima dell'arrivo dello stesso Gesù, che avrebbe poi regnato per quarant'anni. Il padre gli aveva dato quel nome perché un avversario politico ambiva a svolgere la funzione di al-Mahdi come restauratore dell'Islam contro lo stesso califfo. Quindi è plausibile che il califfo al-Mahdi volesse saperne di più sul profeta Issa, Gesù.

Timoteo gli raccontò una storia: in questo mondo siamo tutti chiusi in una casa buia nel mezzo della notte. Accade che una perla preziosa arrivi nella casa, ma che uno solo la potrà avere, e tutti gli altri stringeranno nelle mani chi un pezzo di vetro, chi una pietra o un po' di terra, ma ognuno sarà felice pensando di possedere la perla preziosa, che è la vera fede. Il mistero sarà rivelato quando arriverà la luce, alla Fine dei tempi. Allora, i possessori della vera perla si rallegreranno. Mentre il califfo sostiene che la verità si saprà solo alla fine, il patriarca dice che alcuni raggi di questa luce già si sono manifestati nei miracoli di Cristo e degli apostoli.

Chissà quante storie transitarono sui vascelli del Tempio, magari sulla *Templère*, sul *Buscart du Temple*, sul *Buszarde du Temple*, o sulla *Bonne Aventure*, o sulla *Rose du Temple*, sulla *Sant'Anna* o sull'*Angelica* o, infine, sul *Falcone*, comandato dal templare pirata Ruggero di Fiore (o de Flor).

Le mirabolanti avventure del templare pirata frate Ruggero di Fiore

L'imperatore Federico II († 1250) era anche un grande esperto di falconeria. Come suo falconiere scelse un tedesco di nome Riccardo di Fiore (Richard von Blum), di bellissimo aspetto, che sposò una ricca donna di Brindisi, dalla quale ebbe due figli, Giacomo e Ruggero. Riccardo trovò la morte nella battaglia di Tagliacozzo nel 1268, in cui Corradino, nipote di Federico II, fu sconfitto dal re Carlo d'Angiò e quindi decapitato, insieme con le speranze di tutta la dinastia sveva. Gli angioini sequestrarono tutti i beni della famiglia e, all'epoca, Ruggero non aveva neppure un anno. A Brindisi, «il miglior porto del mondo», secondo Ramon Muntaner, il cronista catalano che fu il fedele luogotenente di Ruggero e che ci racconta la sua storia, le case lambivano il mare e le navi arrivavano numerosissime da tutta la cristianità per svernare e, in primavera, prendere il largo dirette ad Acri, cariche di pellegrini, olio, vino, spezie e cereali.

Un inverno di sette anni dopo, il piccolo Ruggero scorrazzava sul ponte di una nave del Tempio, comandata dal sergente frate Vassayl, di Marsiglia. Questo templare viene citato nei documenti del processo: il frate «Vassalius de Marsilia» aveva presenziato alla cerimonia di ingresso di un frate templare, Bernard d'Auzon, avvenuta intorno al 1285 proprio nella *domus* templare di Brindisi. La casa dei di Fiore era molto vicina al porto e Ruggero amava passare la giornata sulla nave come un piccolo mozzo, per conoscere tutti i segreti di quel mondo misterioso. Frate Vassayl chiese alla madre di Ruggero se poteva insegnare al ragazzo la marineria e farlo diventare templare. A quindici anni Ruggero era considerato uno dei migliori marinai del mondo e a vent'anni uno dei più esperti nella teoria della navigazione. A quel punto fu accolto nell'ordine come frate sergente. E quando il Tempio acquistò dai genovesi il *Falcone*, la più grande nave costruita in quegli anni e la più bella della numerosa flotta templare, l'affidò a frate Ruggero, che continuava a distribuire ai frati cavalieri e ad amici tutto ciò che guadagnava.

Nel 1291, ad Acri, mentre infuriava la battaglia che consegnò ai musulmani l'ultimo avamposto crociato in Terra Santa, Ruggero si trovò con il *Falcone* nel porto e riuscì a portare in salvo a Château Pélerin moltissima gente in fuga. Ciò gli assicurò immensi guadagni, ma anche l'invidia di alcuni confratelli, che lo accusarono presso il gran maestro di essersi appropriato di un vero e proprio tesoro. Il gran maestro gli sequestrò tutti i beni e cercò di catturarlo. Allora frate Ruggero si recò con il *Falcone* a Marsiglia e da lì, abbandonata la nave, a Genova, dove grazie ai prestiti di Ticino Doria e di altri amici genovesi, poté comprarsi una galea, l'*Olivetta*.

Ruggero cominciò così la sua nuova vita mettendosi al servizio di Federico I d'Aragona, re di Sicilia. In breve tempo catturò un bastimento e dieci «taride», navi a vela da trasporto, e col bottino pagò derrate alimentari per la popolazione costretta alla fame dalla carestia, le paghe di numerosi soldati di Sicilia e ne avanzò ancora per il re e per sé. Fece armare altre quattro galee, con cui catturò nei mari di Puglia circa trenta imbarcazioni. Con parte del ricavato acquistò cinquanta cavalli per cinquanta scudieri che, uniti a cinque cavalieri catalani e aragonesi, formarono il nucleo della sua Compagnia. Divenne fratello d'armi di alcuni cavalieri e il re lo nominò vicealmirante di Sicilia e gli diede rendite e castelli. In cambio, frate Ruggero gli mise a disposizione l'intera sua Compagnia e riprese il mare.

La sua fama era grande, dice Muntaner, anche perché non faceva del male alle persone. Con una manovra impossibile, riuscì a introdurre a Messina dieci galee piene di viveri, forzando l'assedio posto dal duca angioino, che il giorno dopo tornò a Catania. Tuttavia venne il giorno in cui, a Caltabellotta, Carlo II d'Angiò e Federico d'Aragona vennero a patti: il primo tenne Napoli e l'Italia del Sud con il titolo di re di Sicilia, l'altro la Sicilia con il titolo di re di Trinacria. La pace del 1302 fra l'angioino, alleato del papa e del maestro del Tempio, Jacques de Molay, e il suo nuovo signore Federico indusse frate Ruggero a cambiare ancora radicalmente la propria vita, mettendosi al servizio dell'imperatore di Costantinopoli, Andronico II Paleologo, con tutta la sua Compagnia, composta di duemilacinquecento cavalieri e settemila fanti. In cambio l'imperatore, cui frate Ruggero aveva già fatto molti favori quando era ancora nel Tempio, lo nominò megaduca e gli diede in moglie sua nipote Maria.

I successi militari di frate Ruggero crearono ben presto forti gelosie sia presso la numerosa e potente comunità genovese in Oriente, che vedeva insidiati i suoi privilegi, sia presso il figlio dell'imperatore, Michele IX. Il corsaro ex templare e ora megaduca continuava a vincere e a strappare terreni e città ai turchi. Era evidente che frate Ruggero, nella costituzione della celebre Compagnia catalana, tenne ben presente la lezione del Tempio. Dopo aver raggiunto Filadelfia, Ruggero chiese al suo luogotenente Ramon Muntaner di recarsi a Efeso, a un paio di chilometri dall'odierna Ayasuluk, in Turchia. Lì il cronista corsaro catalano visitò la tomba di san Giovanni evangelista. Secondo la leggenda, scrive Muntaner, Giovanni ascese al cielo con l'anima e il corpo avvolto da una nuvola come di fuoco. Ogni anno sulla sua tomba accade un miracolo: appena si intonano i vespri di san Giovanni, la sera prima della festa, dai nove fori presenti sulla lastra marmorea scaturiscono una manna resinosa e un filo d'acqua. La manna, che continua a fuoriuscire per tutto il giorno successivo fino al calar del sole, viene raccolta e offerta ai pellegrini. Serve a curare molti mali, ma in particolare è efficace contro i pericoli delle tempeste in mare. Infatti basta gettarla per tre volte nelle onde e invocare la santissima Trinità, santa Maria e san Giovanni evangelista per essere sicuri che la tempesta cesserà. Chissà se il corsaro catalano prese un po' di quella manna miracolosa per le navi della Compagnia...

Il megaduca Ruggero raggiunse Efeso e, dopo aver conquistato terreni e città per tutta l'Anatolia, giunse ai confini con l'Armenia, presso la cosiddetta Porta di Ferro. Lì ottenne la sua più grande vittoria. Ma l'imperatore ebbe bisogno di lui e lo richiamò immediatamente a Costantinopoli, perché lo zio della megaduchessa aveva usurpato il trono di Bulgaria. Ruggero, dopo aver ascoltato il consiglio di tutta la Compagnia, accettò di ritornare a Costantinopoli, dove venne accolto con grandi onori. La notizia dell'arrivo del megaduca convinse lo zio della megaduchessa a far pace con l'imperatore. Ma quest'ultimo successo di Ruggero impensierì Andronico, che cercò di creare degli attriti fra i suoi sudditi e la Compagnia. Ruggero allora alzò la posta e, con l'accordo di Andronico, cedette il bastone e il cappello di megaduca a Berlighieri d'Entença: ne ebbe in cambio il titolo di «cesare dell'impero», che corrispondeva a una sorta di «imperatore in seconda». Ramon rileva che solo il berretto turchino invece che rosso e il trono posto mezzo palmo sotto quello dell'imperatore lo differenziava da Andronico.

Al culmine della gloria, il nostro frate Ruggero, «cesare dell'impero», si apprestava a prendere stabilmente possesso di tutta l'Anatolia, ma prima di partire, contro il parere della moglie, che stava aspettando un bambino, e di tutta la sua famiglia e della sua Compagnia, decise di recarsi con pochi uomini ad Adrianopoli per accomiatarsi dal primogenito dell'imperatore, il *basileus* Michele. Lo fece, disse Muntaner, per quel senso di lealtà e di onore che non lo abbandonò mai. Fu la sua rovina: Michele, per il quale Ruggero era ormai diventato un temibile concorrente, fece trucidare lui e i suoi uomini (i superstiti furono solo tre). Procedette poi a inviare le sue truppe a Gallipoli, dove risiedeva la Compagnia catalana che, colta di sorpresa, venne massacrata. Era il 1305: così finì la storia del templare frate Ruggero, sergente del Tempio, corsaro, fondatore della Compagnia catalana, megaduca e cesare dell'impero bizantino.

I loro viaggi incessanti come marinai, cavalieri, banchieri, mercanti, frati, le diverse provenienze e la rete internazionale hanno legato i templari alla scelta di essere cittadini del mondo, in qualche modo pellegrini per sempre, e forse anche per questo rifiutarono di cercarsi la sovranità di un piccolo territorio, per non diminuire il loro orizzonte, che, come osservavano le vedette sulla coffa della nostra galea, giungeva molto, molto più in alto.

IV

L'AQUILA

Ma dove vanno i frati marinai? Stanno seguendo una rotta precisa, che li condurrà alla Fine della storia. Sì, perché questa quarta immagine è priva di storia, non c'è alcun essere umano che la fa vivere, come accade invece per ognuna delle tre precedenti. La nave templare arriva alla Fine dei tempi, prossima all'Eterno, con una guida che la sovrasta: è un libro enorme, grande quanto l'intera nave. È un libro sigillato, trattenuto dagli artigli di un rapace che non riusciamo a identificare, perché l'affresco, proprio in quell'area, è interamente scomparso. Così l'elemento chiave, sovrastante tutta la scena, la figura che ci permetterebbe di decifrarla per intero, è scomparsa ai nostri occhi. Eppure sarebbe bello sapere quale fosse la figura dipinta, magari deducendola da altre immagini comparabili a questa. Immagini riprodotte, come le miniature di un manoscritto, come l'affresco su una parete, come una figura scolpita su un capitello o tessuta su un arazzo o fissata in un mosaico. Con questo desiderio mi rivolgo a un amico medievista, Baudouin van den Abeele, che è ricercatore all'Università di Louvain-la-Neuve: è uno dei maggiori conoscitori di rapaci, bestiari, enciclopedie medievali e trattati di falconeria.

Purtroppo, nella sua sterminata raccolta non esiste un equivalente del nostro affresco, cioè un animale con gli artigli che tiene un enorme libro sovrastante una nave. In verità, una corrispondenza ci sarebbe, e si tratta di un mosaico che dall'anno 425 decorava la basilica di San Giovanni Evangelista a Ravenna. È Piero Scarpellini a segnalarlo. Ma il mosaico è andato completamente distrutto. Era un ex voto dell'imperatrice Galla Placidia, scampata a un naufragio proprio grazie a san Giovanni. Il mosaico perduto era stato realizzato sull'arco trionfale e mostrava la nave della famiglia imperiale guidata da Giovanni e dal suo vangelo. Abbiamo visto che a Efeso la manna raccolta sulla tomba dell'evangelista proteggeva i marinai dalle tempeste: è un'ulteriore corrispondenza tra la nave e l'autore dell'Apocalisse. Se è vero che è difficile, con questi pochi elementi, stabilire un rapporto certo fra la nave, il libro e san Giovanni, nondimeno siamo tutti d'accordo nell'identificare la figura di rapace cancellata a San Bevignate con l'aquila. Un'aquila che, ai giorni nostri, è diventata invisibile.

L'aquila è un animale ricco di significati simbolici, mitologici, araldici, allegorici e morali. Secondo i bestiari medievali, l'aquila è il re degli uccelli, come il leone è il re delle fiere. Sulla scorta di Plinio, i bestiari descrivono l'aquila di mare, che sembra faccia al caso nostro, visto che quest'aquila è raffigurata proprio sopra un mare ricchissimo di pesci. L'aquila, dicono sempre i bestiari, sorvola il mare da molto in alto tenendo le penne immobili, e quando vede un pesce si lancia in picchiata e lo cattura portandolo con sé, in alto. Inoltre, espone i suoi piccoli alla luce del sole e se questi riescono a sostenerne il calore e la luminosità, li tiene, altrimenti li disconosce. Tuttavia, gli aquilotti abbandonati sono adottati dalla folaga, che li salva. I bestiari descrivono l'aquila che fa i conti con la vecchiaia: quando sente che le enormi ali si appesantiscono e che gli occhi sono ricoperti dalla caligine, giunge alla fontana e da lì vola in alto fino al sole, finché le ali si bruciano e gli occhi si cauterizzano; poi ridiscende alla sorgente, dove s'immerge per tre volte rinnovando così il vigore del volo e lo splendore della vista.

Le interpretazioni sono le più varie: c'è chi vede nell'aquila che si precipita senza esitazioni sulla preda il Cristo stesso, che salva l'anima immersa nel mare dei peccati. C'è chi esorta a fare come l'aquila: «Così anche tu, uomo, che hai un vecchio abito e che hai gli occhi del cuore offuscati, cerca la fonte spirituale del Signore e solleva gli occhi della mente a Dio che è fonte di giustizia e allora la tua giovinezza sarà rinnovata come quella dell'aquila». In questo passo il *Fisiologo* – un'opera enciclopedica, scritta in Egitto nel II o III secolo dopo Cristo, in cui ogni animale viene descritto per alcune sue caratteristiche di cui si offre il significato allegorico cristiano – cita il salmo 103,5 del re Davide, quando dice: «Si rinnova come aquila la tua giovinezza» e, avvicinando la scena al battesimo, cita il vangelo: «Se uno non nasce da acqua e Spirito, non può entrare nel regno di Dio» (Gv 3,5). Per il suo autore, il sole raggiunto dall'aquila è Dio inteso come sole di giustizia.

Cosa c'è di utile per noi in queste descrizioni? Senz'altro che l'aquila è un grande uccello solitario che media fra terra e mare e cielo e sole. Che sa scendere dall'alto in basso e con altrettanta decisione e rapidità sa salire ancora dal cielo fino al sole. È quindi un animale divino, posto al limitare fra aldiqua e aldilà, messaggero e guida fra il tempo e l'Eterno. Questo era più o meno ciò che qualunque uomo o donna di quel tempo sapeva dell'aquila. L'aquila pescatrice è quindi simbolo di Cristo che pesca le anime e le porta a Dio.

Ma l'aquila invisibile dell'affresco perugino tiene negli artigli un libro, non un pesce. Quindi è certamente un animale simbolico, a differenza dei semplici animali che abbiamo descritto finora sulle pareti di San Bevignate.

Chi rappresenta l'aquila? Quale libro trattiene negli artigli? Il rapace emerge con prepotenza dalle pagine dell'Apocalisse di Giovanni. Fa la sua apparizione nel quarto capitolo, nel cuore di una visione. Giovanni vide una porta aperta nel cielo. Fu rapito in estasi e vide un trono avvolto da un arcobaleno con «Colui» che vi sedeva. Attorno c'erano ventiquattro seggi, sui quali sedevano ventiquattro anziani con le bianche vesti e la corona d'oro. Davanti al trono ardevano sette lampade a significare i sette spiriti di Dio. Dal trono uscivano «lampi, voci e tuoni». Ma lasciamo continuare Giovanni (4,6-8):

Davanti al trono vi era come un mare trasparente simile a cristallo. In mezzo al trono e attorno al trono vi erano quattro esseri viventi, pieni d'occhi davanti e di dietro. Il primo vivente era simile a un leone; il secondo vivente era simile a un vitello; il terzo vivente aveva l'aspetto come di un uomo; il quarto vivente era simile a un'aquila che vola. I quattro esseri viventi hanno ciascuno sei ali, intorno e dentro sono costellati di occhi; giorno e notte non cessano di ripetere:

«*Santo, santo, santo*
il Signore Dio, l'Onnipotente,
Colui che era, che è e che viene!».

La visione dei quattro esseri viventi prende spunto da Ezechiele (10,14), in cui i cherubini presentavano quattro sembianze: di cherubino, uomo, leone e aquila. Fin qui, sembra di poter dire che Cristo è l'aquila, che l'aquila secondo Giovanni è uno dei quattro esseri viventi posti vicino a «un mare trasparente» e, secondo Ezechiele, una delle quattro sembianze del cherubino. Ma la nostra aquila artiglia un libro chiuso. Quale? I Padri della Chiesa che commentarono il libro dell'Apocalisse videro nel tetramorfo, cioè in quell'immagine composta da quattro elementi, i quattro evangelisti. Quindi, secondo quest'ipotesi, il libro sarebbe il vangelo. E l'aquila quale evangelista indicherebbe? I Padri della Chiesa, vedendo l'aquila, hanno pensato unanimemente a Giovanni, fatta eccezione per sant'Isidoro che attribuisce il leone a Giovanni e l'aquila a Marco.

Abbiamo dunque appurato che si tratta dell'aquila di Giovanni. Ma la nostra ricerca non è finita. San Bevignate ci sorprende ancora. Basta voltare le spalle all'aquila invisibile e vediamo che proprio di fronte a noi, sulla parete centrale del coro, se ne materializza un'altra, con il libro chiuso tra le ali. È una delle quattro immagini del tetramorfo. È l'unica figura delle quattro sopravvissuta ai danni generici inevitabili del tempo e a quelli sciagurati e intenzionali di un pittore che negli anni Ottanta del Duecento non ha avuto alcuna remora a sovrapporre le sue pitture ai quattro evangelisti di San Bevignate. In origine, erano infatti dipinti all'interno di quattro cerchi disposti ai lati della finestra centrale del coro, da cui entra direttamente la luce del «sol levante», cioè di Cristo stesso. C'è di più: in questo affresco della parete centrale del coro Giovanni non è dipinto con accanto l'aquila, ma lui stesso è un'aquila che tiene fermo il vangelo con le ali.

Abbiamo quindi un'immagine parzialmente speculare, un'eco. A Giovanni risponde Giovanni. Il libro del Giovanni-aquila del coro è sicuramente il vangelo, perché il tetramorfo lì rappresentato è l'immagine dei quattro evangelisti. Il libro dell'altro Giovanni dipinto sulla controfacciata potrebbe quindi essere l'Apocalisse. L'ultimo libro della Bibbia sarebbe così il culmine della visione del nostro tetramorfo, quello inventato dai templari di San Bevignate, che sovrappone quattro immagini e quattro animali, prima il cavallo, poi il leone, poi il pesce e infine l'aquila. Quattro animali-guida disposti su un percorso verticale, ascetico, su una scala che dalla terra ferita dalla guerra e dal conflitto quotidiano sale, attraverso la meditazione monastica e l'azione rinnovata che produce opere, fino alla contemplazione celeste. L'Apocalisse è il culmine del tetramorfo templare. L'ultima immagine dell'Apocalisse, e quindi dell'intera Bibbia, ci mostra la discesa della Gerusalemme celeste. Gerusalemme è il compimento della Fine dei tempi.

Alla vigilia della prima crociata era opinione corrente che proprio nella Città che era santa per le tre religioni figlie di Abramo, cioè per gli ebrei, per i cristiani e per i musulmani, si sarebbe manifestato l'Anticristo, quindi Gesù lo avrebbe sconfitto per sempre, poi ci sarebbe stata la resurrezione dei morti e il Giudizio universale. Infine, i tempi si sarebbero compiuti e la Gerusalemme celeste sarebbe discesa sulla terra.

In questo contesto, la conquista crociata di Gerusalemme del 1099, dopo i primi momenti di euforia, dovette apparire ai futuri templari un vero e proprio fallimento. L'attesa escatologica era andata delusa: i tempi della Fine non erano giunti. Dall'accettazione di quella sconfitta esistenziale, da quella crisi e quel disagio, abbiamo visto che i templari maturarono «il nuovo mondo».

E senz'altro la loro novità fu un ingrediente essenziale della mentalità religiosa che tendeva a dare maggior spazio ai laici, costituendo un'alternativa alla scelta monastica di abbandono del mondo e di pura contemplazione. Questa vera e propria rivoluzione sarà accolta e sviluppata dagli ordini mendicanti, in particolare dai francescani: potremmo dire che i templari, sospesi tra un mondo e l'altro, tra Oriente e Occidente, pur provenendo dal mondo dei monasteri, delle campagne, dello stile romanico, furono i portainsegne del nuovo mondo che arrivava, quello dei frati, dei religiosi laici, delle città, dei conventi, dello stile gotico. Da quella crisi e da quel fallimento, seppero rinascere portandosi dentro quel grande orizzonte della nuova Gerusalemme e, mi piace credere, l'immagine apocalittica del cavaliere fedele e verace con il suo esercito biancovestito.

Nel Duecento, in Italia, i templari videro ancora accendersi la stessa attesa escatologica che li aveva portati, da crociati, sulla via di Gerusalemme. Questa volta, però, il centro dei fermenti apocalittici, suscitati da Gioacchino da Fiore e raccolti da numerosi ambienti francescani e da altri movimenti laici, era l'Italia e poteva ben essere Perugia, anzi San Bevignate. Mi piace immaginare che proprio per questo frate Bonvicino e gli altri templari vollero costruire in fretta una grande chiesa: per prepararsi ad accogliere ancora una volta la discesa della Gerusalemme celeste, annunciata per il 1260.

Come abbiamo detto all'inizio, l'affresco perugino può anche suggerire un percorso che si svolge attraverso i quattro sensi delle Scritture, cioè le quattro fondamentali dimensioni della parola divina nella storia. Questa modalità di interpretazione nasce dalle meditazioni dei Padri della Chiesa, e si basa sul presupposto che il reale è composto di visibile e invisibile, che il significato letterale cela un significato più profondo, che è lo Spirito. Perché «la lettera uccide, lo Spirito invece dà vita» (2Cor 3,6).

Nel nostro affresco, il primo livello di interpretazione, letterale, corrisponde all'avvenimento storico del primo registro: la battaglia di Nablus. Gli altri tre non sono separati graficamente in quanto sono, per così dire, emanazioni o dimensioni del primo. Il secondo corrisponde al significato allegorico, infatti la battaglia storica si trasforma in battaglia interiore combattuta con la preghiera e la vita in comune. Il terzo livello, morale, indica la capacità e il dovere di agire nella società da cristiani, in modo rinnovato: c'è infatti una scena di navigazione, che presuppone scambi, commercio, trasporti, viaggi, e che, come in una scatola cinese, può a sua volta essere letta come la nave della Chiesa che agisce nel mondo. Il quarto livello è quello spirituale: il fine ultimo della realtà, la rotta, la direzione, il compimento delle Scritture e la Fine del mondo. Questo livello, in cui l'uomo si indìa, e quindi non compare più fisicamente, ha Giovanni come guida, con le sue visioni degne di un'aquila per altezza e acutezza: sono le visioni scritte nel libro dell'Apocalisse.

Magari tutto questo non accadde nella coscienza e nella volontà di quei templari che prepararono il progetto decorativo della parte sinistra, pure frammentaria, della controfacciata di San Bevignate. Però è ciò che quelle immagini mi hanno suggerito da subito. In parallelo, l'affresco può evocare anche alcune tappe fondamentali della *lectio divina*, cioè quella modalità di leggere e pregare con le Sacre Scritture inaugurata dai primi Padri della Chiesa, che continua a essere usata ancor oggi. Le tappe cui mi riferisco sono: *lectio*, *meditatio*, *actio* e *contemplatio*. Lettura, e quindi la battaglia storica; meditazione, e quindi la battaglia interiore; azione, e quindi il viaggio; contemplazione, e quindi la visione dell'aquila.

L'azione e la contemplazione: pur se entrambe necessarie, i templari scelsero l'azione, nel senso di una ripresa della vita attiva degli apostoli, aderendo a quella necessità di un rinnovamento avvertita in tutta la Chiesa dell'XI-XII secolo. Degli apostoli, i templari condividevano alcune caratteristiche: la vita in comune, la scelta della povertà, il lavoro e ovviamente il fatto di essere appunto degli «inviati», cioè in missione per conto di Dio, al servizio della società. Nella disputa che li contrapponeva, i fautori della «vita attiva» rimproveravano ai vecchi ordini monastici, come per esempio i cluniacensi, di essere indifferenti agli altri, preoccupati solo della propria salvezza, e di tradurre il *labora* di san Benedetto in un'azione liturgica sempre più elaborata e sfarzosa, chiusi in monasteri sempre più ricchi e lontani dalla società. Società che in quel tempo si stava trasformando, con l'arrivo di nuovi mestieri, nuove classi sociali, nuove ricchezze e nuove povertà. E con l'arrivo dei laici, uomini e donne, i quali, complici anche i grandi pellegrinaggi o le crociate spontanee, sentivano l'urgenza spirituale di ridiventare soggetti religiosi a pieno titolo. La dialettica fra «vita attiva» e «vita contemplativa» conobbe proprio nel XII secolo uno dei suoi momenti più forti.

Il tetramorfo templare ha dimostrato di poter essere un percorso sublime raccontato però con un *sermo rusticus*, con parole rozze, popolari, secondo il registro proprio alla spiritualità dell'ordine del Tempio. Resta da capire come mai questo viaggio templare culmini e si riassuma nell'immagine di un libro. Trovare un libro al culmine del percorso per immagini dei cavalieri templari è in sé un fatto sensazionale. Perché un libro e non, per esempio, la spada dell'arcangelo Michele del giorno del Giudizio? Questi guerrieri rozzi e terrificanti – così li descrive san Bernardo – non finiscono di stupirci: studiandoli più da vicino, ci si accorge infatti che il libro aveva a che fare proprio con i «poveri cavalieri di Cristo e del Tempio di Salomone». I templari erano infatti uomini religiosi in contatto fin dalle origini con i migliori intellettuali del tempo ed essi stessi uomini di cultura. Fu quella un'età fiorente, che regalò alla cultura europea novità in tutti i campi, al punto che si è parlato per quel tempo di «rinascimento del XII secolo». Quello che gli storici ancora non hanno pienamente compreso è che, all'interno della storia della cultura e della spiritualità di quel secolo, i templari ebbero senz'altro una parte, piccola ma significativa. Questo ruolo andrebbe riconosciuto, non solo in ambito accademico ma anche nei manuali di storia medievale.

I libri dei templari

Conosciamo l'esistenza documentata di ben tre-quattocento manoscritti appartenuti ai frati cavalieri. Inoltre, sparsi nelle biblioteche di tutto il mondo, siamo riusciti finora a identificare una quindicina di codici templari. Bisogna però sapere che un manoscritto medievale contiene, di norma, più opere, di autori spesso diversi, come se più libri fossero pubblicati in un solo volume. Chi ci dà le informazioni sulle biblioteche templari? La fonte principale è costituita dagli inventari, cioè i cataloghi. Il tragico destino del Tempio coinvolse anche le loro biblioteche. Venerdì 13 ottobre 1307, quando tutti i cavalieri francesi furono arrestati per decisione di Filippo il Bello, i loro beni, libri e reliquie compresi, vennero confiscati e gli agenti del re ne redassero gli inventari. Lo stesso destino avrebbe segnato in seguito i beni dei frati templari di altri Stati europei. Come detto, dopo anni di processi e torture, dopo che nel 1312 l'ordine del Tempio fu abolito, tutti i beni mobili e immobili dei templari passarono, non senza dispersioni e difficoltà, agli ospitalieri. Tranne che nella Penisola iberica, dove vennero consegnati in parte all'ordine del Cristo e a quello di Montesa.

Che dire, quindi, di tutti questi libri? Che non erano pochi, innanzitutto. La maggior parte erano di carattere liturgico, cioè servivano per recitare le Ore, per dire la messa, per l'ufficio dei morti, per le processioni, per amministrare i sacramenti. Ciò ci conferma che i templari erano in primo luogo un ordine religioso, in cui i frati pregavano e i frati cappellani celebravano la messa. Per fare un esempio, nella casa templare di Payns, luogo di origine del fondatore del Tempio, nel 1308 si trovavano cinque codici liturgici. Un'altra considerazione da fare è che purtroppo i redattori degli inventari non furono in grado di stabilire il contenuto dei manoscritti, e quindi ci troviamo di fronte a infiniti *item* che per noi restano un mistero: sappiamo che esistevano, ma non cosa contenessero.

A metà strada fra i libri liturgici e i libri *tout court* si trovano i «leggendari», che venivano letti a tavola e che si trovano con una certa frequenza negli inventari. L'usanza monastica di leggere durante i pasti (silenziosi) ha dato origine alla parola «colazione». Il termine deriva dal volume delle *Collationes Patrum* del monaco Cassiano († 435). La parola latina *collatio* significa «confronto», e infatti l'opera di Cassiano, che soggiornò a lungo nel deserto, conteneva una raccolta di diverse vite di santi Padri e anacoreti, da confrontare l'una con l'altra. Appartengono a questa sezione il «bel libro» di *Vite* dei Padri e dei Santi che si trovava a Bayles (Aix-en-Provence), e anche uno dei best seller del Medioevo, i *Dialoghi* di san Gregorio Magno († 604), presenti sia a Saint-Luce d'Arles sia nel castello di Monzón. Con i *Dialoghi* papa Gregorio I intendeva far conoscere le biografie e i molti miracoli di santi italiani, tra cui Benedetto da Norcia. A Coulommiers (Meaux) i templari possedevano un esemplare della *Leggenda dorata*, forse proprio l'opera dell'arcivescovo di Genova Iacopo da Varazze da cui abbiamo tratto il racconto della *Vita* della prostituta Taide.

Disponiamo, poi, di una sezione molto interessante che riguarda i Padri della Chiesa: i templari di Saint-Luce d'Arles leggevano il libro di san Gerolamo sull'interpretazione dei nomi ebraici, mentre nel castello di Monzón si trovava l'*Esamerone* di sant'Ambrogio, cioè il commento ai sei giorni della creazione narrati nella Genesi. Sempre in Catalogna, c'era un *De doctrina christiana* e le *Ritrattazioni* di sant'Agostino, le *Sentenze* di sant'Isidoro di Siviglia († 636), e infine una *Lettera* di san Gerolamo. C'è persino uno scritto di Cicerone: l'*Epistola ad Pisones*. Nelle biblioteche templari catalane troviamo anche un *Libro dei Maccabei*: si tratta forse di un estratto dei libri della Bibbia (considerati apocrifi dagli ebrei) in cui si racconta la resistenza armata inaugurata dai tre fratelli Maccabei contro il re di Siria, Antioco IV Epifane, nel II secolo avanti Cristo e la purificazione del Tempio di Gerusalemme.

Fra gli autori medievali, sempre al castello di Monzón si trovavano l'*Historia scolastica* di Pietro di Troyes († 1179), detto «Comestore», cioè «mangiatore» di libri, e divenuto canonico di San Vittore di Parigi: in quest'opera Pietro scrive la storia dell'umanità dalle origini del mondo fino al viaggio di san

Paolo a Roma; il famoso lessico del lombardo Papia (XI secolo) e il *Libro delle Sentenze* di Ugo di San Vittore, il celebre *magister* parigino che da decenni contende al nostro Ugo di Payns la paternità della *Lettera ai cavalieri di Cristo*. In uno dei castelli catalani di Peñiscola, Cantavieja, Miravet o Monzón, c'era anche il *Liber scintillarum* attribuito a Paolo Alvaro di Cordoba (IX secolo), un'opera non precisata del cistercense Alain de Lille († 1203), il *Decreto* di Graziano († 1160), la *Summa de ecclesiasticis officiis* di Jean Beleth († 1182), lo *Speculum medicinae* del teologo e alchimista valenziano Arnaldo di Villanova, medico di Bonifacio VIII e Clemente V, indagatore dei tempi dell'Apocalisse, morto a Genova nel 1313. Gli atti dei processi al Tempio ci insegnano infine che i templari leggevano l'*Elogio della nuova cavalleria* di san Bernardo per averne conforto.

Ma oltre al latino, che era la lingua della cultura europea, le biblioteche templari avevano anche testi in volgare. Nella regione dei Pirenei orientali, in Linguadoca-Rossiglione, e più precisamente nella casa di Bajoles (Elne), troviamo un quaderno con la *Lettera di santo Stefano*, che narra in catalano la vita e il martirio di santo Stefano.

I templari erano anche poeti: nel 1265, proprio mentre a Perugia si edificava San Bevignate, il cavaliere trovatore frate Ricaut Bonomel, che combatteva probabilmente in Terra Santa, componeva un serventese dal titolo *Ir'e dolors s'es dins mon cor asseza*, che significa «La collera e il dolore hanno talmente riempito il mio cuore», in cui manifestava tutta l'amarezza nei confronti del papato che non pensava abbastanza alla Terra Santa, mentre il sultano d'Egitto Baybars continuava a vincere. Lo splendido castello di Safed, la cui ricostruzione era stata avviata dai templari con l'aiuto del vescovo Benedetto d'Alignan († 1268), fu in effetti conquistato da Baybars proprio nel 1266. Un altro trovatore templare è Olivier del Temple, che invitò Giacomo I d'Aragona († 1276) a prender parte alla crociata.

Nelle biblioteche templari non mancavano ovviamente esemplari della regola né degli statuti. Finora ne abbiamo ritrovato quindici copie, ma mi piace ricordare qui che papa Clemente V, tra i pochi libri che teneva con sé al momento della morte, sopraggiunta a Roquemaure (Gard) il 20 aprile 1314, un mese dopo quella sul rogo di Jacques de Molay, aveva «duo libelli de regula Templi», cioè probabilmente l'insieme della regola e degli statuti dell'ordine divisi in due volumi. Quanto alla lingua in cui furono scritti sia la regola sia gli statuti, come ho già avuto modo di dire in altre occasioni, la regola originaria, quella del concilio di Troyes, fu composta in latino e i frati cavalieri la fecero tradurre in lingua volgare già nel XII secolo; composero invece direttamente in volgare, perlopiù, anche i costumi e gli statuti approvati via via dai loro capitoli, cioè dalle loro assemblee che avevano potere deliberativo. A differenza degli ospitalieri, che tradussero la regola in numerose lingue volgari, e cioè in tutte quelle parlate dai loro confratelli, i templari scelsero una sola lingua volgare di base, la lingua d'oïl. I manoscritti della regola e degli statuti sopravvissuti in lingua volgare sono tre: uno a Roma, uno a Parigi e uno a Baltimora. Possono arrivare a quattro, se si comprende il codice di Digione, perduto nel 1985 e di cui si conserva solo un microfilm. A questi manoscritti, possiamo aggiungere un codice conservato a Barcellona, che presenta solo gli statuti, senza la regola, e usa una lingua che è stata definita «franco-catalana».

Come mai i templari adottarono per la traduzione della loro regola una sola lingua volgare, pur essendo originari di vari Paesi europei? Per una precisa scelta di politica culturale. I chierici avevano costruito la loro identità europea e internazionale sulla lingua latina, lingua della cultura e dello spirito, e i templari hanno scelto un'unica lingua, il francese, ma non quello del regno di Francia, piuttosto il «francese di Terra Santa», che era una lingua romanza internazionale, al tempo stesso europea e orientale. Era semplicemente l'idioma parlato negli Stati di Terra Santa, una lingua d'uso, che però – è questa la novità – i templari adottarono come lingua dello spirito e della cultura. Ciò non vuol dire, come vedremo e come abbiamo già visto, che i templari non usassero altre lingue volgari, per esempio l'anglo-normanno, la lingua d'oc e il catalano, ma i testi giuridici che ne definivano l'identità, cioè la regola e gli statuti, vennero scritti in latino o nel francese *d'Outremer*.

E della regola templare conosciamo anche il nome di un copista: il notaio Antonio Sicci di Vercelli che, come detto, era stato per ben quarant'anni al servizio dei templari in Oltremare, probabilmente ad Acri. Il notaio italiano parla della regola nel corso della sua interessantissima deposizione al processo, nel 1310, edita da Jules Michelet. Esordisce dicendo che aveva sentito dire più volte dai templari che era stato il papa a dar loro la regola, confermando così il loro ordine. Antonio Sicci aggiunge che la regola templare assomiglia alla regola concessa ai frati minori, cioè ai francescani. Perché il notaio fa riferimento proprio ai francescani? Era evidentemente il primo ordine religioso che gli era venuto in mente pensando ai nostri frati cavalieri. E ciò mi sembra degno di nota. Continua dicendo che in Oriente scrisse «propria manu», cioè di persona, una copia della regola, su richiesta di alcuni frati templari. E termina affermando che né vide né trovò né lesse né scrisse qualcosa di disonesto e che tutto ciò che la regola conteneva avrebbe potuto tranquillamente trovarsi in qualunque altro santo ordine. Si tratta della più forte e decisa difesa della regola dei templari.

Il manoscritto della regola copiata dal notaio vercellese sopravvive? Con l'aiuto di Peter Edbury, storico dell'Oriente latino ed editore di importanti fonti crociate, avevo situato ad Acri il luogo in cui venne copiato un esemplare della regola, che ora è custodito a Roma presso l'Accademia dei Lincei (Cod. 44. A. 14). La decorazione del manoscritto corrisponde perfettamente ad altri esempi raccolti da Jaroslav Folda, storico delle miniature crociate, e attribuiti al cosiddetto «Maître des Hospitaliers», attivo ad Acri già negli anni Ottanta del Duecento. Quindi siamo di fronte a un manoscritto decorato in Terra Santa tra il 1280 e il 1291. Ma cosa ci dice la scrittura del codice? La regola fu scritta da un solo copista, con una scrittura gotica italiana o del Sud della Francia. Se a queste informazioni aggiungiamo che in quegli anni, in Terra Santa, Antonio Sicci era al servizio dei templari, abbiamo pronta un'ipotesi: il manoscritto della regola conservato a Roma è quello scritto, letto e commentato dal notaio vercellese. Per avere la conferma definitiva bisognerebbe ricercare documenti autografi di Antonio Sicci e confrontarli con la scrittura della regola romana.

E ora vi racconto, per la prima volta, la storia di una bella scoperta. Studio e scrivo intorno alla regola templare di Troyes dal 1993, e nel corso di questi anni sono andata a caccia dei manoscritti sopravvissuti della regola del Tempio. Come si «caccia» un manoscritto? La procedura è semplice, ma efficace: bisogna innanzitutto mettere insieme tutti i codici citati dagli studiosi e verificarne la collocazione. Arrivai così a cinque manoscritti latini (conservati a Londra, Parigi, Nîmes, Bruges e Monaco di Baviera) e a tre codici francesi (Parigi, Roma e Baltimora). Poi cominciò la vera caccia, che è quella che passa attraverso la lettura e lo spoglio dei cataloghi delle biblioteche di tutto il mondo. Ma da lì, purtroppo, non emerse nulla. Un giorno Francesco Tommasi mi disse che Anthony Luttrell, instancabile, generoso e importante studioso dell'ordine degli ospitalieri, aveva sentito da un amico e collega di Praga, Libor Jan, che nella biblioteca della città ceca si trovava un manoscritto della regola del Tempio. Va premesso che cercare un libro in una biblioteca di quel genere senza conoscerne la collocazione è un po' come cercare un ago in un pagliaio, come si suol dire. Non restava, allora, che affidarsi agli studiosi, assidui frequentatori della biblioteca: chiesi aiuto al professor Billanovich, il quale allertò subito la sua rete infinita di conoscenze in ambito accademico (la comunità scientifica internazionale è ancora per fortuna una solida realtà!), quindi si rivolse al collega Jan Martínek. Dopo qualche tempo il professor Martínek mi scrisse una splendida e sorprendente lettera (in latino) nella quale mi annunciava che, con l'aiuto di Karel Beránek, aveva trovato il nono codice templare sopravvissuto, il codice di Praga! Ricordo ancora la data, era il 24 maggio 1994.

Diciotto anni dopo, l'11 maggio 2012, mentre scrivevo queste pagine, ricevo una mail da parte del dottor José Eugenio Domínguez, che aveva appena discusso una tesi di dottorato all'Università di Malaga: durante le sue ricerche si era imbattuto in un antico manoscritto della regola del Tempio, trovato sugli scaffali della National Library of Scotland di Edimburgo. Nei giorni successivi, mi scrive i dettagli dello straordinario ritrovamento, avvenuto in collaborazione con James McGrath, e mi invia una descrizione dell'intero manoscritto, insieme con la sua attuale collocazione. Si tratta di uno splendido codice latino, attorniato dagli statuti di vari ordini cavallereschi, quello della Giarrettiera e quello del Bagno, e da numerosi cerimoniali scritti tra il XV e il XVII secolo. Per fortuna, l'edizione critica della regola del Tempio, sulla quale sto lavorando da anni per il *Corpus Christianorum*, non è ancora andata in stampa! Grazie al codice scozzese di Edimburgo avremo un testo critico della regola più sicuro, e sapremo qualcosa di più sulla fortuna e la storia dei cavalieri del Tempio.

I templari dovrebbero essere inseriti nei manuali di storia almeno per un motivo: i volgarizzamenti. La traduzione in lingua volgare dei testi latini fu uno dei fenomeni culturali più importanti del Medioevo. E i templari ne furono un precocissimo motore, già nel XII secolo, in Inghilterra. Riccardo di Hastings († 1164), maestro del Tempio in Inghilterra con frate Odon de Saint-Omer, entrambi vicini a re Enrico II, si occuparono di far tradurre in francese e adattare il *Libro dei Giudici*; questa traduzione andrà poi a far parte della cosiddetta «Bibbia di Acri», una versione francese della Bibbia composta in Terra Santa circa un secolo dopo. Riccardo e Odon sono gli stessi templari che avevano cercato, senza successo, di convincere Tommaso Becket ad accettare le decisioni prese da re Enrico al concilio di Clarendon, nel 1164. È invece all'iniziativa editoriale del templare Henri d'Arci del Temple Bruer, di una nobile famiglia del Lincolnshire, attivo fra il 1161 e il 1174, che dobbiamo quasi un'intera collana di volgarizzamenti in anglo-normanno con la versione delle *Vite dei Padri*, la *Vita di Taide*, ma anche vari altri libri dedicati all'Apocalisse, alla rivelazione degli ultimi tempi e alle visioni dell'aldilà.

Fra i testi di argomento escatologico c'era la *Visione di san Paolo*, che racconta la discesa all'inferno dell'Apostolo, guidato da san Michele, l'arcangelo guerriero; si tratta di uno dei testi più importanti per la storia del «purgatorio», che, come ci insegna Jacques Le Goff, fu proprio un'invenzione del XII secolo. Infatti, nella *Visione*, le preghiere congiunte di Michele, Paolo e degli angeli ottengono per i dannati una sospensione della pena per la durata di un giorno e una notte, tra il sabato e la domenica. Non è ancora il concetto di purgatorio vero e proprio, che invece troviamo ben formulato negli statuti templari: prima del pranzo, i frati devono aver recitato, oltre alle Ore, anche sessanta *Padre nostro*, trenta per i vivi e trenta per i morti, «affinché Dio li liberi dalle pene del Purgatorio e li metta in Paradiso» (Art. 236).

Fra i testi apocalittici templari spicca il *Libellus de Antichristo* di Adson († 992), abate del monastero di Montier-en-Der, che morirà sulla strada di Gerusalemme. L'opera di Adson, come abbiamo visto, è un testo fondante per tutta la letteratura apocalittica del Medio Evo. L'impulso che partì da Henri d'Arci fu talmente forte e originale che, tra i siti templari del Regno Unito, vi invito a visitare la torre di Temple Bruer. Questo viaggio agli inferi dell'Apostolo fa eco al suo viaggio al terzo cielo: è lo stesso Paolo a raccontarcelo nella Seconda lettera ai Corinzi (12,1-4) quattordici anni dopo. L'Apostolo delle genti fu rapito in paradiso «se con il corpo o fuori del corpo non lo so», ci dice, proprio come accadde al profeta Muhammad nel suo viaggio notturno, «e udì parole indicibili che non è lecito ad alcuno pronunciare». Paolo, quindi, decise di non parlare delle «visioni» e delle «rivelazioni del Signore» che aveva ricevuto. Ciò malgrado, esistono, fra gli apocrifi del Nuovo Testamento, ben due *Apocalissi di Paolo*, di cui una è detta anche *Visione*, ed è la nostra, e un'altra è un testo copto gnostico scoperto recentemente.

Per un templare giunto a Gerusalemme, e residente nel luogo detto «Tempio di Salomone», il libro per eccellenza non poteva che essere l'Apocalisse. E infatti ne troviamo ancora qualche flebile traccia spulciando tra gli scaffali delle loro biblioteche: a parte un *Libre de profecies*, un «libro di profezie» che troviamo a Perpignan, nel castello di Peñiscola c'era un libro misterioso che si conclude con la parola «Apocalipsis», mentre Giacomo II d'Aragona nel 1313 reclama un libro appartenuto ai templari e trovato nel castello di Monzón: era un libro *de Apocalipsi*, «sull'Apocalisse».

La fine dei templari

Ritorniamo ora all'aquila invisibile che tiene l'Apocalisse fra gli artigli. L'aquila è protagonista di almeno due grandi visioni dell'Apocalisse: oltre all'immagine del tetramorfo, le ali della grande aquila hanno un ruolo fondamentale nel celebre capitolo 12. Rileggiamolo insieme.

> Un segno grandioso apparve nel cielo: una donna vestita di sole, con la luna sotto i suoi piedi, e sul capo, una corona di dodici stelle. Era incinta, e gridava per le doglie e il travaglio del parto. Allora apparve un altro segno nel cielo: un enorme drago rosso, con sette teste e dieci corna e sulle teste sette diademi; la sua coda trascinava un terzo delle stelle del cielo e le precipitava sulla terra. Il drago si pose davanti alla donna, che stava per partorire, in modo da divorare il bambino appena lo avesse partorito. Essa partorì un figlio maschio, destinato a governare tutte le nazioni con scettro di ferro, e suo figlio fu rapito verso Dio e verso il suo trono. La donna invece fuggì nel deserto, dove Dio le aveva preparato un rifugio perché vi fosse nutrita per milleduecentosessanta giorni.
>
> Scoppiò quindi una guerra nel cielo: Michele e i suoi angeli combattevano contro il drago. Il drago combatteva insieme ai suoi angeli, ma non prevalse e non vi fu più posto per loro in cielo. E il grande drago, il serpente antico, colui che è chiamato diavolo e il Satana e che seduce tutta la terra abitata, fu precipitato sulla terra e con lui anche i suoi angeli. Allora udii una voce potente nel cielo che diceva:

«Ora si è compiuta
la salvezza, la forza e il regno del nostro Dio
e la potenza del suo Cristo,
perché è stato precipitato
l'accusatore dei nostri fratelli,
colui che li accusava davanti al nostro Dio
giorno e notte.
Ma essi lo hanno vinto
grazie al sangue dell'Agnello
alla parola della loro testimonianza,
e hanno amato la loro vita fino a morire.
Esultate, dunque, o cieli,
e voi che abitate in essi.
Ma guai a voi, terra e mare,
perché il diavolo è disceso sopra di voi
pieno di grande furore,
sapendo che gli resta poco tempo».

Quando il drago si vide precipitato sulla terra, si mise a perseguitare la donna che aveva partorito il figlio maschio. Ma furono date alla donna le due ali della grande aquila, perché volasse nel deserto verso il proprio rifugio, dove viene nutrita per un tempo, due tempi e la metà di un tempo, lontano dal serpente. Allora il serpente vomitò dalla sua bocca come un fiume d'acqua dietro alla donna, per farla travolgere dalle sue acque. Ma la terra venne in soccorso alla donna: aprì la sua bocca e inghiottì il fiume che il drago aveva vomitato dalla propria bocca.

Allora il drago si infuriò contro la donna e se ne andò a fare guerra contro il resto della sua discendenza, contro quelli che custodiscono i comandamenti di Dio e sono in possesso della testimonianza di Gesù.

E si appostò sulla spiaggia del mare.

Se leggiamo queste pagine con gli occhi all'affresco di San Bevignate, vediamo che il deserto, il mare e il cielo della chiesa perugina sono anche i tre fondali di fronte ai quali si svolge la battaglia apocalittica fra il drago-serpente e l'armata celeste guidata dall'arcangelo Michele. Ma in questo contesto, tutto guerresco e maschile, emerge la realtà difesa e concupita: una mamma con il bambino appena partorito. E sarà proprio a questa donna che saranno consegnate le ali della grande aquila per rifugiarsi nel deserto.

Dall'aquila torniamo al deserto. All'aquila/Giovanni, Giovanni stesso affianca un'aquila/Maria. La coppia Maria/Giovanni, madre/figlio adottivo, è presente, come abbiamo visto, anche a San Bevignate, nella parete centrale del coro, accanto al Crocifisso. E come ogni cavaliere ha la sua dama, così i templari fanno le loro promesse solenni a Dio e alla Madonna, a quella Dama che, dicono gli statuti, fu «all'inizio del loro ordine religioso», un ordine nato in lei e in suo onore, e che esisterà finché «a Dio piacerà».

A Dio piacque che l'ordine finisse nel 1312, precisamente il 22 marzo, con la bolla *Vox in excelso* di papa Clemente V, pubblicata il 3 aprile, durante il concilio di Vienne. L'ordine del Tempio non fu condannato, come ancora si sente dire, bensì fu soppresso, insieme con la sua regola, il suo abito e il suo nome, con un provvedimento di tipo amministrativo che solo il pontefice poteva usare in quanto autorità suprema dell'ordine. Il pontefice era stato costretto a quella misura così drastica dalla pressante e ricattatoria politica religiosa di Filippo il Bello, che lo minacciava di aprire un processo postumo per eresia al defunto papa Bonifacio VIII, se non avesse condannato o abolito il Tempio. Tuttavia, le ragioni addotte nella bolla sono essenzialmente riconducibili agli scandali e alla pessima fama che i templari si erano procurati, legata innanzitutto al rito «nascosto» di ammissione nell'ordine che prevedeva il rinnegamento di Cristo e lo sputo sulla croce, riconosciuto da molti frati dell'ordine. In questo rito, come detto in precedenza, Barbara Frale riconosce piuttosto un atto di «nonnismo», presente negli ambienti militari di ogni tempo e luogo. Il papa sostiene anche che la loro cattiva fama sia dovuta al loro particolare comportamento, cioè la loro condotta, riconosciuto spesso differente dal modo di vivere degli altri cristiani. È curioso che questa «differenza templare» sia riscontrata anche in Oriente dal gentiluomo siriano Usama ibn Munqidh, che indica una diversità dei frati cavalieri rispetto agli altri «franchi», cioè ai cristiani d'Occidente, e che li avvicina maggiormente ai cristiani d'Oriente.

Ma a Dio piacque anche che l'ordine finisse nel nome di Maria, nel quale, secondo gli stessi templari, aveva preso inizio. E così fu. Il 18 marzo 1314 il gran maestro, Jacques de Molay, e il precettore di Normandia, Geoffroy de Charney, furono bruciati a Parigi, nel rogo innalzato su una piccola isola della Senna vicina alla cattedrale di Notre-Dame, dove ora si trova «le square du Vert Galant». Il cronista Geoffroy de Paris fa dire a Jacques:

> Vi prego di rivolgere il mio viso verso la Vergine Maria, da cui nacque il Cristo nostro Signore.

Questa fu la fine dei templari. E l'inizio della loro leggenda.

CONCLUSIONE

Siamo giunti al termine di questo breve viaggio. L'affresco perugino, come un tappeto volante, ci ha fatto percorrere territori inesplorati e ancora misteriosi della storia templare.

Siamo stati nel deserto degli eremiti cristiani dei primi secoli, sulla nave del templare pirata Ruggero di Fiore e, quindi, nel monastero siriano di Nostra Signora di Saydnaya, grande meta di pellegrinaggio aperta ancora oggi a cristiani e musulmani.

Abbiamo vissuto in diretta la scoperta, in Scozia, del decimo manoscritto della regola del Tempio e siamo giunti all'imponente castello templare valenziano di Peñiscola per scoprirvi le reliquie di san Bevignate, il misterioso santo templare che dà il nome alla chiesa perugina e che venne «canonizzato» nel XV secolo attraverso una delibera comunale.

Abbiamo ascoltato i dialoghi del patriarca Timoteo e del califfo al-Mahdi, svoltisi a Baghdad nell'VIII secolo, a proposito della vera fede e abbiamo visto come quei dialoghi si trasformarono in una delle più belle novelle del *Decameron* di Boccaccio.

Abbiamo letto il «manifesto» templare che il maestro Ugo di Payns inviò ai suoi confratelli in Terra Santa agli inizi della storia dell'ordine e abbiamo decifrato la misteriosa formula magica per la guarigione dei cavalli che venne scambiata per l'alfabeto segreto dei templari.

Siamo stati sul campo di battaglia e abbiamo scoperto quali pericoli poteva rappresentare avere la barba oppure eccedere nella pratica del digiuno.

Abbiamo detto del «viaggio notturno» del profeta Muhammad sul suo destriero alato, e dei rapimenti in cielo di san Giovanni, che rivelerà a tutti le sue visioni con l'Apocalisse, e di san Paolo, che invece non le rivelò a nessuno. Gli arcangeli Gabriele o Michele hanno aiutato molti di questi viaggi celesti, e a volte, come nel caso del perugino fondatore dei flagellanti Raniero Fasani, o dei primi crociati, hanno portato in sogno Lettere provenienti dal cielo.

Abbiamo partecipato delle ansie e delle aspirazioni di tanti crociati che presero il cammino di Gerusalemme nella convinzione che lì si sarebbero compiute le profezie e che, dopo l'Anticristo, la Bestia, sarebbe tornato Gesù e la Gerusalemme celeste sarebbe discesa sulla terra, come diceva l'Apocalisse. Ma l'attesa escatologica andò delusa.

E abbiamo visto come i templari nacquero proprio dal senso di fallimento che seguì la sanguinosa conquista crociata di Gerusalemme, nel 1099. Da quella sconfitta esistenziale i cavalieri del Tempio seppero far nascere un «nuovo mondo». Erano laici che avevano dentro un bisogno di Assoluto e il comune sentire del vicino compiersi dei tempi, dell'Apocalisse. Poveri cavalieri che credevano di aver bisogno dell'elemosina per vivere e che scoprirono, invece, di avere un enorme tesoro da mettere a disposizione di tutti: il loro essere cavalieri, appunto.

Il sentimento dell'attesa della Fine dei tempi non li abbandonò mai: il templare Bonvicino, cubiculario del papa, voleva forse ottenere che la chiesa di San Bevignate diventasse un centro di pellegrinaggio, un punto di riferimento per tutte le nuove istanze religiose e laiche che si stavano manifestando in attesa del 1260, l'anno in cui sarebbe cominciata l'Età dello Spirito Santo.

Anche noi siamo alla Fine di un'epoca e i templari possono indicarci la strada per uscire dalla crisi. Il modello su cui il templare scommetteva era quello del «guerriero sacro», in cui però la parte essenziale della diade non era «guerriero» ma «sacro». Per quei frati cavalieri la cosa importante era che, qualunque talento un uomo avesse, lo esercitasse in modo sacro, cioè assoluto.

Questa era la vera novità templare. Se ne era accorto anche Gioacchino da Fiore, il monaco calabrese «di spirito profetico dotato», secondo il quale Dio aveva creato l'ordine del Tempio come un nuovo tipo di ordine religioso «in cui i laici indirizzano le loro capacità e competenze per un certo tempo per una causa santa».

Oggi, direbbe Ugo di Payns a tutti i laici, credenti, atei o agnostici: «Consacratevi al bene comune, perché c'è bisogno di voi su questa Terra».

ALCUNI LIBRI

Ci sono libri che hanno fatto parte del mio bagaglio di viaggio. E altri che possono servire per continuarlo. Alcuni li ho letti, altri solo consultati. Qui ne presento una selezione fra i più recenti.

Templari e altri frati cavalieri

Per quanto riguarda le origini del Tempio, ma anche la storia della loro spiritualità e una bibliografia specifica, mi permetto di rinviare al mio *La rivoluzione dei templari* (Milano, Mondadori, 2008) da integrare con gli articoli: *I Templari, i religiosi e gli intellettuali nel XII secolo. Alcuni spunti*, in Ferreira Fernandes, Isabel Cristina (a cura di), *As ordens militares. Freires, guerreiros, cavaleiros. Actas do VI Encontro sobre Ordens Militare* (vol. 1, GeSOS - Municipio de Palmela, 2012, pp. 339-354) e *I Templari, la regola e il cavallo sacrificato*, in Cardini, Franco e Mantelli, Luca (a cura di), *Cavalli e cavalieri. Guerra, gioco, finzione. Atti del Convegno internazionale di Studi Certaldo Alto 15-18 settembre 2010* (Pisa, Pacini, 2011, pp. 87-108).

Prezioso, aggiornato e curato dai maggiori specialisti internazionali degli ordini religioso-militari il volume: Bériou, Nicole e Josserand, Philippe (a cura di), *Prier et combattre. Dictionnaire des ordres militaires au Moyen Âge*, prefazione di Anthony Luttrell, introduzione di Alain Demurger, s.l., Librairie Arthème Fayard, 2009.

Tra le pubblicazioni più recenti sul Tempio e sugli altri ordini religioso-militari:

Ayala Martínez, Carlos de e Novoa Portela, Feliciano (a cura di), *La Glaive et la Croix. Templiers, chevaliers teutoniques et autres ordres militaires au Moyen Age*, Paris, Mengès, 2005.

Barber, Malcolm, *Storia dei templari*, trad. it. Casale Monferrato, Piemme, 2005.
–, *The Trial of the Templars*, Cambridge University Press, 2012 (2ª ed.).
Bordone, Renato (a cura di), *I Templari in Piemonte, dalla storia al mito. Atti del convegno di Torino 20 ottobre 1994*, Torino, Regione Piemonte [1995], rist. in *Le vie del medioevo*, Torino, Regione Piemonte, 1998.
Bulst-Thiele, Marie Luise, *Sacrae Domus Militiae Templi Hierosolymitani Magistri. Untersuchungen zur Geschichte des Templerordens*, Göttingen, Vandenhoeck und Ruprecht, 1974 («Abhandlungen der Akademie der Wissen. in Göttingen», 86), trad. it. di Renzo Pardi, Perugia, Volumnia, 2004.
Burgtorf, Jochen, *The Central Convent of Hospitallers and Templars: History, Organization and Personnel* (1009/1120-1310), Leiden, Brill, 2008.
Burgtorf, Jochen, Crawford, Paul e Nicholson, Helen (a cura di), *The Debate on the Trial of the Templars (1307-1314)*, Ashgate, 2010.
Cardini, Franco, *La nascita dei Templari, san Bernardo di Chiaravalle e la Cavalleria mistica*, Rimini, Il Cerchio, 1999.
Carraz, Damien, *Ordres militaires, croisades et sociétés méridionales*, Lyon, 2005.
Cerrini, Simonetta (a cura di), *I Templari, la guerra e la santità*, Rimini, Il Cerchio, 2000.
Claverie, Pierre-Vincent, *L'Ordre du Temple en Terre Sainte et à Chypre au XIIIe siècle*, Nicosia, P.U. de Rennes, 2005.
Coli, Enzo, De Marco, Maria e Tommasi, Francesco (a cura di), *Militia sacra. Gli ordini militari tra Europa e Terrasanta*, Perugia, Società Editrice San Bevignate, 1994.
Demurger, Alain, *Tramonto e fine dei cavalieri templari. L'avventurosa storia di Jacques de Molay, l'ultimo templare*, trad. it. Roma, Newton Compton, 2004.
–, *Cavalieri di Cristo. Gli ordini religioso-militari del Medioevo XI-XVI secolo*, trad. it. Milano, Garzanti, 2007.
–, *I Templari. Un ordine cavalleresco cristiano nel Medio Evo*, trad. it. Milano, Garzanti, 2009.
Forey, Alan J., *Military Orders and Crusades*, Aldershot, Ashgate/Variorum, 1994.
–, *Templari*, in *Dizionario degli istituti di perfezione*, Roma, 9 (1997), col. 886-896.
–, *The Fall of the Templars in the Crown of Aragona*, Ashgate, 2001.
Frale, Barbara, *Il Papato e il processo ai Templari*, Roma, Viella, 2003.
–, *I Templari*, Bologna, il Mulino, 2004.
–, *I Templari e la Sindone di Cristo*, Bologna, il Mulino, 2009.
Guzzo, Cristian (a cura di), *Deus Vult. Miscellanea di Studi sugli Ordini Militari*, Tuscania, Edizioni Penne & Papiri, 2011.

Hunyadi, Zsolt e Laszlovsky, József (a cura di), *The Crusades and the Military Orders*, Budapest, Central European University Press, 2004.

Luttrell, Anthony, *Studies on Hospitallers after 1306: Rhodes and the West*, Ashgate/Variorum, 1999.

Luttrell, Anthony e Tommasi, Francesco (a cura di), *Religiones militares. Contributi alla storia degli Ordini religioso-militari nel Medioevo*, trad. it. Città di Castello, Selecta Editrice, 2008.

Minnucci, Giovanni e Sardi, Franca (a cura di), *I Templari: mito e storia. Atti del convegno internazionale di Studi della Magione di Poggibonsi-Siena, 1987*, Sinalunga, A.G. Viti-Riccucci, 1989.

Nicholson, Helen, *I cavalieri templari (1120-1312)*, trad. it. Gorizia, Editrice Goriziana, 2011.

–, *Templars, Hospitallers, Teutonic Knights. Images of the Military Orders, 1128-1291*, Leicester, Leicester U.P., 1993.

Nowak, Zenon Hubert (a cura di), *Die Spiritualität der Ritterorden im Mittelalter (Ordines Militares - Colloquia Torunensia historica 7)*, Toruń, Uniwersitet Mikolaja Kopernika, 1993.

Riley-Smith, Jonathan, *Templars and Hospitallers as Professed Religious in the Holy Land*, University of Notre Dame Press, 2009.

Schenk, Jochen, *Templar Families. Landownfamilies and the Order of the Temple in France*, Cambridge, Cambridge University Press, 2012.

Tommasi, Francesco (a cura di), *Acri 1291. La fine della presenza degli ordini militari in Terra Santa e i nuovi orientamenti nel XIV secolo*, Perugia, Quattroemme, 1996.

Toomaspoeg, Kristjan, *Histoire des Chevaliers Teutoniques*, Paris, Flammarion, 2003.

Viti, Goffredo (a cura di), *I Templari. Una vita tra riti cavallereschi e fedeltà alla Chiesa*, Firenze, Certosa, 1995.

Vogel, Christian, *Das Recht der Templer: ausgewählte Aspekte des Templerrechts unter besonderers Berücksichtigung der Statutenhandschriften aus Paris, Rom, Baltimore und Barcelona*, Berlin, Lit Verlag, 2007.

E, in ultimo, sul fondatore Ugo: Leroy, Thierry P.F., *Hugues de Payns, la naissance des Templiers*, Lille, 2011.

Non sono ancora usciti, invece, gli atti del convegno: Bériou, Nicole, Josserand, Philippe e Oliveira, Luís Filipe (a cura di), *Élites et ordres militaires au Moyen Âge. Rencontre en l'honneur d'Alain Demurger*, Lyon, 21-23 ottobre 2009.

Cataloghi di mostre recenti sui templari

Barbero, Alessandro e Merlotti, Andrea (a cura di), *Cavalieri. Dai Templari a Napoleone. Storie di crociati, soldati, cortigiani*, La Venaria Reale, Electa, 2009.

Baudin, Arnaud, Brunel, Ghislain e Dohrmann, Nicolas (a cura di), *Templiers. De Jérusalem aux commanderies de Champagne*, Paris, Somogy-éditions d'art, 2012, catalogo della mostra: *Templiers. Une histoire, notre trésor, Troyes, hôtel-Dieu-le-Comte, 16 giugno - 31 ottobre 2012.*

Brunel, Ghislain (a cura di), *L'affaire des Templiers. Du procès au mythe, Paris, Archives Nationales, 2 mars - 16 mai 2011*, Paris, 2011.

Cardini, Franco (a cura di), *Monaci in armi. Gli ordini religioso militari dai Templari alla battaglia di Lepanto: storia e arte* (Roma, Castel Sant'Angelo, 2004-2005), Roma, Retablo, 2004.

Sulla leggenda templare

Cardini, Franco, *La tradizione templare*, Firenze, Vallecchi, 2007.

Iannaccone, Mario Arturo, *Templari. Il martirio della memoria. Mitologia dei Cavalieri del Tempio*, introduzione di Franco Cardini, Milano, SugarCo, 2005.

Partner, Peter, *I Templari*, trad. it. di Lucio Angelini, Torino, Einaudi, 2005[12].

Sulle crociate e sulla cavalleria (testi recenti)

Balard, Michel, *Croisades et Orient latin*, Paris, A. Colin, 2003.

Balard, Michel (a cura di), *Autour de la première croisade. Actes du Colloque de la Society for the Study of the Crusades and the Latin East (Clermont-Ferrand, 22-25 juin 1995)*, Paris, Publications de la Sorbonne, 1996.

Balard, Michel, Kedar, Benjamin e Riley-Smith, Jonathan (a cura di), *Dei Gesta per Francos. Études sur les croisades dédiées à Jean Richard*, Aldershot, Ashgate, 2001.

Barbero, Alessandro, *La cavalleria medievale*, Roma, Jouvence, 2003.

Cardini, Franco, *Alle radici della cavalleria medievale*, prefazione di Jean Flori, Firenze, Sansoni, 2004.

Flori, Jean, *Cavalieri e cavalleria nel Medio Evo*, trad. it. Torino, Einaudi, 1999.

–, *La guerra santa. La formazione dell'idea di crociata nel Medio Evo*, trad. it. Bologna, il Mulino, 2009.

–, *La croix, la tiare et l'épée. La croisade confisquée*, Paris, Payot, 2010.

Folda, Jaroslav, *Crusader Art in the Holy Land. From the Third Crusade to the Fall of Acre (1187-1291)*, Cambridge, Cambridge University Press, 2005.

–, *Crusader Art. The Art of the Crusaders in the Holy Land (1099-1291)*, London, Lund Humphreys, 2008.

Kedar, Benjamin, *Crociata e missione. L'Europa incontro a l'Islam*, trad. it. Roma, Jouvence, 1991.

–, *Franks, Muslims and Oriental Christians in the Latin Levant. Studies in Frontier Acculturation*, Ashgate, 2006.

Le concile de Clermont de 1095 et l'appel à la croisade. Actes du Colloque Universitaire International de Clermont-Ferrand (23-25 juin 1995), Conseil Régional d'Auvergne, Roma, 1997 (Collection de l'École française de Rome, 236).

Ligato, Giuseppe, *La croce in catene. Prigionieri e ostaggi cristiani nelle guerre di Saladino (1169-1193)*, Spoleto, Centro Italiano di Studi sull'Alto Medioevo, 2005.

«Militia Christi» e Crociata nei secoli XI-XIII. Atti della undecima Settimana internazionale di studio. Mendola, 28 agosto - 1° settembre 1989, Milano, 1992.

Montesano, Marina (a cura di), *«Come l'orco della fiaba». Studi per Franco Cardini*, Firenze, SISMEL, 2010 (con molti articoli dedicati alla crociata e agli ordini militari di Terrasanta).

Phillips, Jonathan, *Sacri guerrieri. La straordinaria storia delle crociate*, trad. it. Roma-Bari, Laterza, 2011.

Richard, Jean, *La grande storia delle crociate*, trad. it. Roma, Newton Compton, 1999.

–, *Francs et orientaux dans le monde des croisades*, Ashgate, 2003.

Riley-Smith, Jonathan, *Breve storia delle Crociate*, trad. it. Milano, Mondadori, 2011.

–, *The Crusades, Christianity and Islam*, New York, Columbia University Press, 2011.

Il London Center for the Study of the Crusades and the Latin East pubblica gli Atti dei propri convegni per le edizioni Ashgate.

La Society for the Study of the Crusades and the Latin East, presieduta da Bernard Hamilton, pubblica la rivista «Crusades», a cura di Benjamin Z. Kedar, Jonathan Phillips, Jonathan S.C. Riley-Smith e William J. Purkis, sempre per le edizioni Ashgate; il bollettino allegato contiene una lista di tesi, libri, articoli, convegni dedicati alle crociate e all'Oriente latino (si veda anche il sito www.sscle.org).

Sugli insediamenti templari in Italia

Bellomo, Elena, *The Templar Order in North-west Italy. 1142-1330 ca.*, Leiden-Boston, Brill, 2007.

Bramato, Fulvio, *Storia dell'ordine dei Templari in Italia*. I, *Le fondazioni*, Roma, Atanór, 1991; II. *Le Inquisizioni. Le fonti*, Roma, Atanór, 1994.
Capone, Bianca, Imperio, Loredana e Valentini, Enzo, *Italia templare. Guida agli insediamenti dell'Ordine del Tempio in Italia*, Roma, Edizioni mediterranee, 2011.

Sulla chiesa di San Bevignate
Curzi, Gaetano, *La pittura dei Templari*, Cinisello Balsamo (MI), Silvana Editoriale, 2002.
Merli, Sonia (a cura di), *Milites Templi. Il patrimonio monumentale artistico dei Templari in Europa*, Perugia, Volumnia, 2008 (si vedano in particolare gli articoli dedicati a San Bevignate da Giovanna Casagrande, Gaetano Curzi, Chiara Frugoni, Pietro Scarpellini).
Roncetti, Mario, Scarpellini, Pietro e Tommasi, Francesco (a cura di), *Templari e Ospitalieri in Italia: la chiesa di San Bevignate a Perugia*, Milano, Electa, 1987.
Tommasi, Francesco, *L'ordine dei Templari a Perugia*, in «Bollettino della deputazione di Storia Patria per l'Umbria», 78 (1981), pp. 5-80.

Su san Bevignate si veda: Boretti, Dolores (a cura di), *Il Messale dei Templari di Reggio Emilia*, Reggio Emilia, Fondazione Manodori, 2008 (con la riproduzione della pagina del calendario templare che menziona le reliquie di san Bevignate, e con un saggio di Cristina Dondi) e Fuguet, Joan e Plaza, Carme, *Els Templers, guerrers de Déu entre Orient i Occident*, Barcelona, Rafael Dalmau Editor, 2012 (con il riferimento alle reliquie di san Bevignate e della Vergine di Saydnaya).

Su temi religiosi, escatologici, o simbolici
Sui quattro sensi della Scrittura si veda l'opera monumentale di Henri de Lubac, *Esegesi medievale*, trad. it. Milano, Jaca Book e Edizioni Paoline, 2006.

Cardini, Franco, Introvigne, Massimo e Montesano, Marina, *Il Santo Graal*, Firenze, Giunti, 1998.
Flori, Jean, *L'Islam et la Fin des Temps*, Paris, Seuil, 2007.
–, *La fine del mondo nel Medioevo*, trad. it. Bologna, il Mulino, 2010.
Frugoni, Chiara, *Francesco e l'invenzione delle stimmate*, Torino, Einaudi, 1993.
Le Goff, Jacques, *La nascita del Purgatorio*, trad. it. Torino, Einaudi, 2006.
Pastoureau, Michel, *Medioevo simbolico*, trad. it. Roma-Bari, Laterza, 2009.

Vauchez, André, *I laici nel Medioevo. Pratiche ed esperienze religiose*, trad. it. Milano, il Saggiatore, 1989.
–, *Santi, profeti e visionari. Il soprannaturale nel Medioevo*, trad. it. Bologna, il Mulino, 2000.
–, *La santità nel Medioevo*, trad. it. Bologna, il Mulino, 2009.
Zambon, Francesco, *Robert de Boron e i segreti del Graal*, Firenze, Leo S. Olschki Editore, 1984.

Su Gerusalemme e in particolare sull'area che ospitò la casa madre del Tempio, l'attuale moschea al-Aqsa: Kedar, Benjamin Z. e Pringle, Denys, *1099-1187, The Lord's Templum (Templum Domini) and Solomon's Palace (Palatium Salomonis)*, in *Where Heaven and Earth meet: Jerusalem's Sacred Esplanade*, a cura di Oleg Grabar e Benjamin Z. Kedar, Jerusalem, Yad Ben Zvid Press - Austin / University of Texas Press, 2010, pp. 133-151.

Sulla Gerusalemme dei pellegrini: Franco Cardini, *In Terrasanta. Pellegrini italiani tra Medioevo e prima età moderna*, Bologna, il Mulino, 2005.

Testi citati

Il testo dell'*Apocalisse* e le altre citazioni bibliche sono tratte dall'edizione ufficiale curata dalla Conferenza Episcopale Italiana nel 2008.

Il *Libro della Natività della beata Maria* è edito in: *Vangeli apocrifi. Natività e infanzia*, a cura di Alfonso M. Nola, Parma, Ugo Guanda, 1986.

L'edizione di riferimento del Corano è *Il Corano*, a cura di Alberto Ventura, traduzione di Ida Zilio-Grandi, Milano, Mondadori, 2010.

TEMPLARI

Per la regola dei templari ho usato la mia edizione critica: Cerrini, Simonetta, *Une expérience neuve au sein de la spiritualité médiévale: l'ordre du Temple (1120-1314). Étude et édition des règles latine et française (microforme)*, Thèse de Doctorat de Paris IV Sorbonne, Lille, Atelier National de Reproduction des Thèses, 1999. Naturalmente, però, l'edizione critica del testo originario latino che pubblicherò nel Corpus Christianorum sarà modificata dall'apporto del manoscritto scozzese recentemente comunicatomi da José Eugenio Domínguez e James McGrath; il codice era stato citato nel volume di Macquarrie, Alan, *Scotland and the Crusades 1095-1560*, J. Donald Publishers, 1997: Edimburgh, National Library of Scotland, MS 32.6.9. Per gli statuti ho usato l'edizione di Curzon, Henri de, *La règle du Temple*, Paris, Société de l'histoire de France, 1886 [réimpr., Genève, Slatkine, 1977]; una recente edizione è quella di Amatuccio, Giovanni, *Il «Corpus» normativo templare. Edizione dei testi romanzi con traduzione e commento in italiano*, Lecce, Congedo Editore, 2009. La traduzione inglese della regola latina del Tempio e la traduzione della Lettera ai cavalieri di Cristo di Hugo Peccator, nonché altri importanti testi dedicati al Tempio, si trovano in: *The Templars. Selected sources translated and annotated*, a cura di Malcolm Barber e Keith Bate, Manchester and New York, Manchester University Press, 2002. La versione franco-catalana degli statuti in Upton-Ward, Judith (a cura di), *The Catalan rule of the Templars: a critical edition and English translation from Barcelona, Archivo de la Corona de Aragón MSS 3344*, Woodbridge, 2003.

Per le deposizioni dei templari ai processi: Michelet, Jules, *Procès des templiers*, I-II, Paris, 1841-1851, nuova edizione Paris, 1987, prefazione di Jean Favier, e Lizerand, Georges, *Le dossier de l'affaire des Templiers*, Paris, Les Belles Lettres, 1923, 1989[3]. Alcuni documenti del processo di Parigi sono disponibili sui siti: www.culture.gouv.fr/documentation/archim/dossiers.htm e www.archivesnationales.culture.gouv.fr/chan/

Per gli atti del Concilio di Vienne (1312) e la bolla *Vox in excelso*: *Conciliorum oeconomicorum decreta*, a cura di G. Alberigo, G. Dossetti, P. Joannou, C. Leonardi, P. Prodi, H. Jedin, Bologna, Istituto per le scienze religiose, 1973, pp. 333-360.

L'antica edizione della regola con la nota sull'alfabeto segreto templare: Maillard de Chambure, Charles-Hyppolite, *Règles et statuts secrets des Templiers, précédés de l'histoire de l'établissement, de la destruction et de la continuation moderne de l'ordre du Temple...*, Paris, Baudry, 1840, p. 37.

L'edizione del testo latino della lettera di *Hugo peccator*: Sclafert, Clément, *Lettre inédite de Hugues Saint-Victor aux Chevaliers du Temple*, in «Revue d'ascétique et de mystique», 34 (1958), pp. 275-299.

TESTI RELIGIOSI

Adson: Adso Dervensis, *De Ortu et Tempore Antichristi necnon et tractatus qui ab eo dependunt*, a cura di D. Verhelst, Turnhout, Brepols, 1976.

Anselmo di Havelberg: Anselme de Havelberg, *Dialogi*, a cura di Gaston Salet, Paris, 1966 (Sources chrétiennes, 118).

Benedetto da Norcia: San Benedetto, *La Regola di san Benedetto e le Regole dei Padri*, a cura di Salvatore Pricoco, Milano, 1995.

Bernardo di Clairvaux, *Il libro della nuova cavalleria. De laude novae militiae*, a cura di Franco Cardini, Milano, Biblioteca di via Senato, 2004.

Bernardo di Clairvaux: *S. Bernardi Opera, Epistolae, I*, editori scientifici Jean Leclercq e Henri Rochais, Roma, Edizioni Cistercensi, 1974, Ep. 31.

Bestiari: Carmody, Frances James, *Physiologus latinus*, Genève, Droz, 1939; Id., *Physiologus latinus Versio Y*, in «University of California Publications in Classical Philology», 12 (1941), pp. 95-134; *Il Fisiologo*, a cura di Francesco Zambon, Milano, Adelphi, 1975; *From the Ark to the Pulpit. An edition and translation of the «Transitional» Northumberland Bestiary (13th Century)*, Louvain-la-Neuve, Université Catholique de Louvain, 2009.

Burcardo di Bellevaux, *Burchardi, ut videtur abbatis Bellevallis Apologia de barbis*, in *Apologiae duae*, a cura di Robert Burchard Constantijn Huygens, con un'introduzione sulla barba nel Medioevo di Gilles Constable, Turnhout, Brepols, 1985 (CCCM, 62).

Gioacchino da Fiore: Constable, Giles, *Crusader and Crusading in the Twelfth Century*, Aldershot, Ashgate, 2008, p. 171: *De concordia Novi et Veteris Testamenti*, n. 8, f. 69v, dove Gioacchino da Fiore cita i templari; Tagliapietra, Andrea (a cura di), *Gioacchino da Fiore sull'Apocalisse*, Milano, Feltrinelli, 1994.

Guigues de la Grande Chartreuse a Ugo di Payns: *Lettres des premiers chartreux, I.S. Bruno, Guigues, S. Anthelme, par Un Chartreux*, Paris, 1962 (Sources chrétiennes, 88).

Guillaume d'Auvergne, Sermo 112: Nicole Bériou, *Les ordres militaires sous le regard des prédicateurs au XIIIe siècle*, in Ferreira Fernandes, Isabel Cristina (a cura di), *As ordens militares. Freires, guerreiros, cavaleiros. Actas do VI Encontro sobre Ordens Militares*, vol. I, GeSOS - Municipio de Palmela, 2012, pp. 279-299, p. 285.

Iacopo da Varazze, *Legenda aurea*, a cura di Alessandro e Lucetta Vitale Brovarone, Torino, Einaudi, 2007.

Jacques de Vitry, *Analecta novissima, Spicilegii Solesmensis altera continuatio*, II, a cura di J.B. Pitra, Tusculana, 1838 (ed. anast. 1967).

Lezenda di fra Rainerio Faxano: Mazzatinti, Giuseppe, *La Lezenda di fra Rainerio Faxano*, in «Bollettino della Deputazione di storia patria per l'Umbria», II (1896), pp. 561-563.

TESTI STORICI

Alberico di Trois-Fontaines: *Albrici monachi Trium Fontium Chronica*, a cura di P. Scheffer-Boichorst, MGH Scriptores, XXIII, pp. 631-950.

Ernoul e Bernard le Trésorier: *Chronique d'Ernoul et de Bernard le Trésorier*, a cura di L. de Mas Latrie, Paris, 1871.

Geoffroy de Paris: *La chronique métrique attribuée à Geoffroy de Paris*, a cura di Armel Diverrès, Paris, Publications de la Faculté des lettres de l'Université de Strasbourg, 1956.

Guglielmo di Tiro: *Willelmi Tyrensis archiepiscopi Chronicon*, a cura di R.B.C. Huygens, I-II, Turnholti, 1986.

Matteo Paris, *Historia Anglorum*, a cura di Frederic Madden, London, 1872-1883.

Michele il Siro: Michel le Syrien, *Chronique de Michel le Syrien, patriarche jacobite d'Antioche (1166-1199)*, a cura di J.B. Chabot, III, Paris, 1905.

Raccolte di testi: Alphandéry, Pierre e Dupront, Alphonse, *La cristianità e l'idea di crociata*, trad. it. di Alba Maria Orselli, Bologna, il Mulino, 1983[2]; Maalouf, Amin, *Le Crociate viste dagli Arabi*, trad. it. Torino, SEI, 2001; *Recueil des historiens des Croisades. Historiens occidentaux; Historiens orientaux; Historiens grecs; Documents arméniens; Lois*, Paris, Académie des inscriptions et belles-lettres, 1841-1906 (RHC); *Storici arabi delle crociate*, a cura di Francesco Gabrieli, Torino, Einaudi, 2007 (con i brani di cronisti citati nel libro).

Ramon Muntaner: *Cronache catalane del secolo XIII e XIV, una di Ramon Muntaner...*, Firenze, Galileiana, 1844.

Templare di Tiro: *Cronaca del Templare di Tiro (1243-1314)*, a cura di Laura Minervini, Napoli, Liguori, 2000: è l'edizione critica integrale, tradotta e commentata, con un ottimo glossario; una versione narrata e divulgativa della *Cronaca* in: Mordenti, Jacopo, *Templari in Terrasanta. L'Oltremare del Templare di Tiro*, Milano, Encyclomedia, 2011.

Villani, Giovanni, *Nuova Cronica*, a cura di G. Porta, Parma, Fondazione Pietro Bembo/Guanda, 1991.

Usama ibn Munqid: Usamah ibn-Munqidh, *Des enseignements de la vie. Souvenirs d'un gentilhomme syrien du temps des Croisades*, a cura di André Miquel, La Documentation française, 1983; Miquel, André, *Ousâma. Un prince syrien face aux croisés*, prefazione di Antoine Sfeir, Paris, Texto, 2007.

LETTERATURA

Boccaccio, Giovanni, *De casibus virorum illustrium*, a cura di Pier Giorgio Ricci e Vittorio Zaccaria, Milano, Mondadori, 1983.

–, *Decameron*, a cura di Vittore Branca, Firenze, Accademia Nazionale della Crusca, 1976.

Lessing, Gotthold Ephraim, *Nathan il Saggio*, trad. it. Milano, Garzanti, 2007.

LIBRI E ARTICOLI CHE APPROFONDISCONO ALCUNI ARGOMENTI TRATTATI

Beaune, Colette, *Les rois maudits*, in «Razo», 12 (1992), pp. 7-24.

Cardini, Franco, *L'invenzione del Nemico*, Palermo, Sellerio, 2006.

Dondi, Cristina, *Manoscritti liturgici dei templari e degli ospitalieri: le nuove prospettive aperte dal sacramentario templare di Modena (Biblioteca capitolare o.ii.13)*, in Cerrini, Simonetta (a cura di), *I Templari, la guerra e la santità*, Rimini, Il Cerchio, 2000, pp. 85-131.

Kedar, Benjamin, *Convergences of Oriental Christian, Muslim and Frankish Worshippers: The Case of Saydnaya and the Knights Templar*, in Hunyadi, Zsolt e Laszlovszky, Jozsef (a cura di), *The Crusades and the Military Orders*, Budapest, Central European University, 2001, pp. 89-100.

Legras, Anne-Marie e Lemaître, Jean-Loup, *La pratique liturgique des Templiers et des Hospitaliers de Saint-Jean de Jérusalem*, in Bourlet, Caroline e Dufour, Annie (a cura di), *L'écrit dans la société médiévale. Divers aspects de sa pratique du XIe au XVe siècle. Textes en hommage à Lucie Fossier*, Paris, 1991, pp. 77-137.

Ligato, Giuseppe, *L'ordalia della fede. Il mito della crociata nel frammento di mosaico pavimentale recuperato dalla basilica di s. Maria Maggiore a Vercelli*, Centro italiano di Studi sull'Alto Medioevo di Spoleto, 2011 (con molte osservazioni interessanti sulla barba e sull'abbigliamento dei cavalieri crociati).

Minervini, Laura, *Leggende dei cristiani orientali nelle letterature romanze del Medioevo*, in «Romance Philology», 49 (1995), pp. 1-12.

Poirel, Dominique, *Les Templiers, le diable et le chanoine: le* Sermo ad Milites Templi *réattribué à Hugues de Saint-Victor*, in Elfassi, Jacques, Lanéry, Cécile e Turcan-Verkerk, Anne-Marie (a cura di), *Amicorum Societas. Mélanges offerts à François Dolbeau pour son 65e anniversaire*, Firenze, Sismel, 2012.

Sinclair, Keith Val, *The Translations of the* Vitas patrum, Thaïs, Antichrist, *and* Vision de saint Paul *Made for Anglo-Norman Templars: Some Neglected Literary Considerations*, in «Speculum», 72 (1997), pp. 741-762.

Shagrir, Iris, *The Parable of the three Rings: a Revision of its History*, in «Journal of Medieval History», 23, 2 (1997), pp. 163-177.

Tommasi, Francesco, *I Templari e il culto delle reliquie*, in Minnucci, Giovanni e Sardi, Franca (a cura di), *I Templari: mito e storia. Atti del convegno internazionale di Studi della Magione di Poggibonsi-Siena, 1987*, Sinalunga, A.G. Viti-Riccucci, 1989, pp. 191-210.

La reliquia di san Bevignate, il gonfalone «baussant», le ampolle dell'olio di Saydnaya, la reliquia della Tunica del Signore si trovano tutti menzionati negli inventari dei castelli catalani e valenziani del Tempio: Rubió, Jordi, d'Alós, Ramon e Martorell, Francesc, *Inventaris inèdits de l'orde del Temple a Catalunya*, in «Institut d'Estudis Catalans. Anuari», 1 (1907), pp. 385-407.

Di utile consultazione è il *Dizionario del Medioevo*, a cura di Alessandro Barbero e Chiara Frugoni, Roma-Bari, Laterza, 1998.

ALCUNE DATE

1095	Papa Urbano II a Clermont invita a liberare Gerusalemme. Predicazione di Pietro l'eremita
1098	Presa di Antiochia
1099	I crociati conquistano Gerusalemme
1120	Assemblea-concilio di Nablus. Fondazione della fraternità dei Templari che riceve dal re Baldovino II la loro casa madre, il cosiddetto «Tempio di Salomone», che era la moschea al-Aqsa
1125	Il conte di Champagne, Ugo, lascia tutto ed entra al Tempio
1127-1129	Ugo di Payns scrive la *Lettera ai cavalieri di Cristo*; san Bernardo scrive l'*Elogio della nuova cavalleria*
1129	Concilio di Troyes. Fondazione dell'ordine del Tempio. I templari ricevono la regola • Disfatta di Damasco. Prima battaglia dei templari
1135	Concilio di Pisa. Innocenzo II presenta i templari all'assemblea e dà loro una lista di festività da osservare
1136	Muore Ugo di Payns
1139	Bolla *Omne datum optimum*: il papa diventa l'unico superiore dell'ordine e concede all'ordine i cappellani
1147	Capitolo generale dell'ordine a Parigi alla presenza del papa Eugenio III
1177	Battaglia di Montgisard vinta da Baldovino IV, il re lebbroso, e dai templari
1187	Battaglia di Hattin vinta dal Saladino • Il Saladino conquista Gerusalemme. I templari si trasferiscono ad Acri

1204	I crociati conquistano Costantinopoli
1229	L'imperatore Federico II riprende Gerusalemme, ma non la moschea di al-Aqsa
1239-1241	Thibaut IV conte di Champagne e Riccardo di Cornovaglia guidano i crociati
1242	Battaglia di Nablus, forse rappresentata a San Bevignate
1244	Battaglia di La Forbie presso Gaza. I crociati sono sconfitti
1256	Inizio della costruzione della chiesa di San Bevignate
1260	Anno gioachimitico. A Perugia prende avvio il movimento dei flagellanti di Rainero Fasani
1280 ca	Realizzazione del secondo ciclo pittorico a San Bevignate
1291	Caduta di Acri. Morte del gran maestro Guillaume de Beaujeu. I templari riparano a Sidone e poi a Cipro
1307	Arresto di tutti i templari di Francia e inizio dei loro processi in tutta Europa
1308	Papa Clemente V emana la bolla *Faciens misericordiam* e ordina la commissione d'inchiesta sull'ordine
1311-1312	Concilio di Vienne. • 22 marzo 1312. Bolla *Vox in excelso*: il papa abolisce, senza condannarlo, l'ordine del Tempio. • 2 maggio 1312. Bolla *Ad providam*: il papa attribuisce i beni dei templari agli ospitalieri
1314	A Parigi viene bruciato sul rogo l'ultimo maestro del Tempio, Jacques de Molay, insieme con Guillaume de Charnay, precettore di Normandia

RINGRAZIAMENTI

Da più di dieci anni abito in un'accogliente cittadina del Monferrato, Ovada. Da questa terra partirono molti protagonisti delle storie crociate e templari. Quando torno a casa, mi accoglie un'aria sempre carica di profumi, e le notti, qui, sono ancora nitide e stellate. Tuttavia, abbandonare le città ha voluto dire anche abbandonare le biblioteche. Di conseguenza, per le mie ricerche dipendo essenzialmente dalla cortesia di maestri, colleghi e amici, con cui scambio informazioni e opinioni, articoli e libri. Con il timore di dimenticarne alcuni (non me ne vogliano!), il mio grazie sincero va a Michel Balard, Elena Bellomo, Nicole Bériou, Ghislain Brunel, Franco Cardini, Damien Carraz, Alain Demurger, José Eugenio Domínguez, Jean Flori, Barbara Frale, Chiara Frugoni, Joan Fuguet, Philippe Josserand, Benjamin Kedar, Giuseppe Ligato, Anthony Luttrell, Emanuela Marinelli, Marco Meschini, Laura Minervini, Marina Montesano, Antonio Musarra, Helen Nicholson, Dominique Poirel, Jean Richard, Jochen Schenk, Francesco Tommasi, Kristjan Toomaspoeg, Judith Upton-Ward, Baudouin van den Abeele, Karl Vogel, per citare solo quelli sentiti negli ultimi tempi. Grazie anche a Claudio Risso della Biblioteca universitaria di Genova. E alla Society for the Study of the Crusades and the Latin East, di cui mi onoro di far parte. Senza tutti loro, questo libro non ci sarebbe.

Un ringraziamento speciale devo a Sonia Merli, che in questi anni ha curato con grande entusiasmo ed efficacia la promozione di San Bevignate per conto del comune di Perugia e con la quale ho condiviso passione e progetti per la mirabile chiesa templare della città. Grazie anche a Francesco Capaccioni, Thomas Clocchiatti, Lamberto Sportolari, Francesco Tommasi ed Enzo Valentini: mi hanno fatto avere le foto meravigliose che mi hanno permesso di ammirare, anche da lontano, gli affreschi di Perugia e di San Bevignate.

Ringrazio tutte le istituzioni pubbliche e le associazioni che in questi anni mi hanno invitato a tenere conferenze in Italia e in Europa. Ho raccolto in questo volume alcune delle questioni che mi è stato richiesto di approfondire proprio in quelle occasioni.

Non è stato facile redigere questo diario di viaggio a San Bevignate: non ci sarei riuscita senza il sostegno caloroso e incondizionato della mia famiglia, in particolare mio marito Gian Piero e mio figlio Giorgio, con i quali ho riletto e discusso l'intero volume, e mia figlia Chiara, con i suoi continui incoraggiamenti. Senza tralasciare il tiramisù di nonna Ivana!

Infine, ringrazio Nicoletta Lazzari, editor della saggistica italiana Mondadori, che con la sua determinazione è riuscita a vincere le mie ritrosie e le mie incertezze, e Roberto Armani, per l'aiuto e la pazienza nella redazione finale.

Ho esplorato territori talvolta per me nuovissimi e ho voluto condividere con il lettore sia le emozioni delle scoperte fatte al momento sia intuizioni ancora tutte da verificare. Sono, ovviamente, l'unica responsabile degli eventuali errori o delle eccessive ingenuità.